QUAND LA CONSCIENCE S'ÉVEILLE

Anthony De Mello, s.j.

QUAND LA CONSCIENCE S'ÉVEILLE

Traduit de l'anglais
par Paule Pierre

ÉDITIONS BELLARMIN DESCLÉE DE BROUWER
Montréal Paris

Données de catalogage avant publication

De Mello, Anthony, 1931-1987
Quand la conscience s'éveille

Publ. en collab. avec Desclée de Brouwer.

Traduction de: *Awareness*
The Center for Spiritual Exchange Inc.
Publié en collaboration avec Doubleday
(Bantam Doubleday Dell Publishing Group Inc.)

ISBN 2-89007-752-7 (Bellarmin)
ISBN 2-220-03441-0 (Desclée de Brouwer)

1. Vie spirituelle – Église catholique.
I. Titre.

BBX2350.2.D414 1993 248.4'82 C93-96814-X

Dépôt légal: 1er trimestre 1994
Bibliothèque nationale du Québec

Les Éditions Bellarmin bénéficient de l'appui du Conseil des arts du Canada
et du ministère de la Culture du Québec.

Avant-propos

Un jour où il se trouvait avec des amis, Tony de Mello fut prié de dire quelques mots sur la nature de son travail. Il répondit à cette requête en racontant une histoire, qu'il répéta plus tard à l'occasion de conférences. (On la retrouve également dans l'un de ses ouvrages intitulé *Song of the Bird.*) À ma grande surprise, Tony avait déclaré, avant de raconter cette histoire, que celle-ci me concernait.

> Un homme trouva un œuf d'aigle et le plaça dans un poulailler. L'aiglon vint au monde avec une couvée de poussins et poursuivit sa croissance avec eux.
>
> Se prenant pour un poulet, l'aigle ne cessa d'imiter le comportement des gallinacés qui l'entouraient. Il grattait la terre afin d'y trouver des vers et des insectes. Il gloussait et caquetait. Il battait des ailes, ne s'élevant qu'à quelques centimètres du sol.
>
> Les années passèrent et l'aigle devint très vieux. Un jour il aperçut, volant dans le ciel sans nuages,

un magnifique oiseau. Avec une grâce majestueuse, ce dernier se laissait porter par les courants, agitant à peine ses puissantes ailes dorées.

Le vieil aigle le regardait, émerveillé.

— Quel est cet oiseau? demanda-t-il.

— C'est l'aigle, le roi des oiseaux, lui répondit un de ses compagnons. Il appartient au ciel. Nous, nous appartenons à la terre — nous sommes des poulets.

C'est ainsi que l'aigle, dans la certitude qu'il avait d'appartenir à la basse-cour, vécut et mourut en poulet.

Ma première réaction ne fut pas seulement la surprise, j'eus franchement l'impression d'avoir été insulté. Tony de Mello ne me comparait-il pas — et devant des amis — à un poulet? Certes. Mais cette comparaison n'avait nullement été faite dans le but de m'humilier. Tony est étranger à ces méthodes. Ce qu'il voulait me dire, ainsi qu'à nos amis, c'est qu'à ses yeux j'étais un «aigle doré» ignorant des hauteurs auxquelles il pouvait s'élever. Cette histoire me permit de comprendre la démarche de cet homme, dont l'amour et le respect authentiques pour ses semblables se traduisaient par sa volonté de toujours dire la vérité. C'était en cela que consistait son travail: faire prendre conscience aux hommes de leur grandeur. C'est lorsqu'il proclamait ce message d'éveil de la conscience — nous faisant comprendre quel phare nous pouvions être pour nous-mêmes et pour les autres, et nous démontrant notre valeur jusque-là insoupçonnée — que Tony de Mello se montrait le plus grand.

Ce livre capture tout simplement Tony en plein vol. Dans des échanges, des dialogues qui touchent à tous les thèmes éclairant les cœurs de ceux qui écoutent.

Garder intact l'esprit de ces paroles vivantes et faire passer dans les pages de ce livre la spontanéité de cet homme devant un public sensible, telle fut la tâche à laquelle je dus faire face après sa mort. C'est grâce à George McCauley, s.j., Joan Brady, John Culkin et à d'autres personnes trop nombreuses pour être citées personnellement que ces heures passionnantes, amusantes, provocantes ont été merveilleusement reproduites dans les pages qui suivent.

Délectez-vous de ce livre. Laissez les mots se glisser dans votre âme et, ainsi que le suggère Tony, écoutez avec votre cœur. Écoutez ces histoires et vous entendrez la vôtre.

Je vous laisse à présent avec Tony de Mello — votre guide spirituel — un ami qui vous accompagnera tout au long de votre vie.

J. Francis Stroud, s.j.
De Mello Spirituality Center
Fordham University
Bronx, New York.

Sur le chemin de l'éveil

Spiritualité signifie éveil. La plupart des êtres sont assoupis et l'ignorent. Ils sont nés endormis. Ils vivent dans leur sommeil; ils se marient dans leur sommeil; ils conçoivent leur progéniture dans leur sommeil; et ils meurent sans même se rendre compte qu'ils ont passé leur vie endormis. Ils ne saisissent jamais le charme et la beauté de cette aventure que nous appelons l'existence. Vous le savez, tous les mystiques — qu'ils soient catholiques, chrétiens ou d'une autre religion (ce n'est ni la théologie ni la religion qui importent) — sont unanimes: ils disent que tout va bien, que tout va très bien. La confusion règne, mais ils prétendent que tout va bien. Quel étrange paradoxe! Mais ce qui est tragique, c'est que la plupart des gens ne verront jamais que tout va très bien car ils dorment. Ils sont en plein cauchemar.

L'année dernière, j'ai entendu cette histoire sur une chaîne de télévision espagnole: un monsieur frappe à la porte de son fils. «Jaime, dit-il, réveille-toi!

— Je ne veux pas me lever, Papa», répond Jaime. Alors le père crie: «Lève-toi, tu dois aller à l'école.» À quoi Jaime réplique: «Je ne veux pas aller à l'école.

— Pourquoi? demande le père.

— Pour trois raisons, dit Jaime. Un: l'école m'ennuie; deux: les élèves me tourmentent; trois: je déteste l'école.

— Eh bien, dit le père, je vais, moi, te donner trois raisons pour lesquelles tu *dois* aller à l'école. Un: c'est ton devoir d'y aller; deux: tu as quarante-cinq ans; trois: tu es le maître d'école.» Réveille-toi, réveille-toi! Tu es un homme. Tu es trop grand pour rester endormi. Réveille-toi! Arrête de t'amuser avec tes jouets.

Ne croyez pas ces gens qui vous disent qu'ils veulent quitter le jardin d'enfants. Tout ce qu'ils attendent de vous, c'est que vous répariez leurs jouets brisés. «Rends-moi ma femme. Rends-moi mon travail. Rends-moi mon argent. Rends-moi ma réputation, mon succès.» C'est là ce qu'ils veulent: que vous leur rendiez leurs jouets. Rien de plus. Les plus grands psychologues vous diront que les gens ne désirent pas vraiment être guéris. Ils ne veulent qu'un soulagement passager. Le processus de guérison est trop douloureux.

C'est vrai que le réveil est pénible. On est si bien dans son lit. C'est agaçant de se faire réveiller. Voilà pourquoi le sage gourou n'essaie pas de réveiller les gens. J'espère que je vais être aussi sage et ne faire aucune tentative pour vous réveiller si vous êtes endormi. Cela ne me regarde vraiment pas, même si je vous dis parfois: «Réveillez-vous!» Mon but est de faire mon travail en restant en accord avec mes convictions. Si vous en profitez, c'est très bien; si vous n'en profitez pas, tant pis pour vous! Comme disent les Arabes: «La pluie est toujours de même nature, et pourtant elle fait pousser aussi bien les épines dans les marais que les fleurs dans les jardins.»

Qu'attendez-vous de moi?

À votre avis, vais-je aider quelqu'un? Oh non, n'y comptez pas! Comme vous ne devez pas vous attendre à ce que je nuise à quelqu'un. Si vous êtes mal en point, c'est votre affaire; si vous allez mieux, ne remerciez que vous-même. Vous êtes responsable de ce que vous êtes, cela ne fait aucun doute. Comment pouvez-vous croire que les autres vous aident ou vous soutiennent? Vous vous trompez. Ils n'en font rien.

Je me souviens d'une femme qui faisait partie d'un de mes groupes de thérapie. C'était une religieuse. Un jour, elle m'a dit ceci: «Je ne me sens pas soutenue par ma supérieure.

— Que voulez-vous dire?

— Eh bien, ma supérieure, la supérieure provinciale, ne se montre jamais au noviciat dont j'ai la charge. Jamais. Et je ne l'ai jamais entendue prononcer un seul mot de félicitations.

— Très bien, ai-je répliqué, entrons dans la peau des personnages. Faisons comme si je connaissais votre supérieure provinciale et comme si je savais très exactement ce qu'elle pense de vous. Alors je vous dis ceci (je me mis alors à jouer le rôle de la sœur supérieure): "Vous savez, Mary, la seule raison pour laquelle je ne viens pas vous rendre visite est que cet endroit est le seul dans la province qui soit calme et sans problèmes. Je sais que vous faites bien votre travail, et tout est pour le mieux."»

«Comment vous sentez-vous, à présent? ai-je alors demandé.

— Très bien, a dit la religieuse. Je me sens très bien.

— Parfait. Maintenant je vais vous demander de quitter la pièce pendant quelques minutes. Cela fait partie de l'exercice.»

Elle s'est exécutée. En son absence, j'ai dit aux autres membres du groupe que j'allais continuer à jouer le rôle de la supérieure provinciale. Et j'ai déclaré ceci: «Mary est la directrice de novices la plus médiocre que nous ayons jamais eue dans toute l'histoire de la province. En fait, la raison pour laquelle je ne me rends plus au noviciat est que je ne peux plus supporter de voir les dégâts qu'elle y fait. C'est épouvantable. Mais si je lui dis la vérité, cela va rendre les novices encore plus malheureuses. Nous comptons remplacer Mary d'ici un an ou deux, lorsque la personne que nous formons pour ce poste sera prête. Mais en attendant, je crois qu'il est préférable de lui dire des choses agréables afin de l'encourager. Qu'en pensez-vous?» Les membres du groupe ont alors déclaré que c'était la seule chose à faire étant donné les circonstances.

J'ai alors invité Mary à revenir dans la pièce et lui ai demandé si elle se sentait toujours aussi bien. «Oh oui», a-t-elle dit. Pauvre Mary! Elle croyait que nous l'approuvions alors qu'il n'en était rien.

Ce que nous ressentons et pensons est un produit de notre imagination, et cela inclut l'illusion d'être aidés et approuvés par les autres.

Pensez-vous vraiment être en mesure d'aider quelqu'un sous prétexte que vous en êtes amoureux? Vous vous trompez. On n'est jamais amoureux d'une personne, on est seulement amoureux de l'idée préconçue et optimiste que l'on s'en fait. N'est-ce pas ainsi qu'on cesse d'être amoureux d'une personne? Si vous cessez d'être amoureux, c'est parce que la perception de l'objet de votre amour a changé, n'est-il pas vrai? «Comment peux-tu me décevoir alors que j'avais une telle confiance en toi?» dites-vous à la personne en question. Mais lui faisiez-vous réellement confiance? Non, vous n'avez jamais fait confiance à personne. Ôtez-vous cela de l'idée. Cela fait partie du lavage de cerveau que la société nous inflige. On ne fait jamais confiance à personne, mais seulement à son propre jugement vis-à-vis d'une personne. Alors de quoi vous plaignez-vous? Le fait est que vous détestez vous dire: «Mon jugement sur cette personne était faux.» Cela n'est pas très flatteur pour votre amour-propre, c'est pourquoi vous préférez lui dire: «Comment as-tu pu me décevoir?»

La vérité est que les gens ne veulent pas vraiment grandir; ils ne veulent pas vraiment changer; ils ne veulent pas vraiment être heureux. Comme me le disait très sagement une connaissance: «N'essayez pas de les rendre heureux, vous ne récolterez que des problèmes. N'essayez pas d'apprendre à un cochon à chanter, vous perdrez votre temps et cela agacera le cochon.» Cela me rappelle cet homme d'affaires qui entre dans un bar et, après s'y être installé, aperçoit un type avec une banane dans l'oreille. Alors il se dit: Je me demande si je devrais le prévenir. Non, cela ne me regarde pas. Mais cette pensée le tracasse et, après avoir pris un ou deux verres, il dit à l'homme: «Excusez-moi, euh... vous avez une banane dans l'oreille.

— Quoi? demande l'homme.

— Vous avez une banane dans l'oreille.

— Quoi? répète le type.

— Vous avez une banane dans l'oreille, crie alors l'homme d'affaires.

— Parlez plus fort, dit le type. Je ne vous entends pas, j'ai une banane dans l'oreille!»

Ceci pour dire que tout ce discours ne sert peut-être à rien. Laisse tomber, laisse tomber, suis-je tenté de me dire. Dis ce que tu as à dire et sors d'ici. Si on te comprend, tant mieux; sinon, c'est bien dommage, mais que peux-tu y faire?

Le bon égoïsme

La première chose que je désire vous faire comprendre, à condition bien sûr que vous vouliez vraiment vous réveiller, est que vous ne voulez pas de ce réveil. La première étape du réveil consiste à être suffisamment honnête pour reconnaître que l'on n'aime pas du tout cela. On ne veut pas être heureux. Vous en voulez la preuve? Alors livrons-nous à un petit test. Cela ne prendra qu'une minute. Vous pouvez fermer les yeux ou les garder ouverts, cela n'a pas d'importance. Pensez à une personne que vous aimez beaucoup, qui vous est très proche, qui vous est précieuse, et dites-lui en pensée: «Je préférerais avoir le bonheur plutôt que de t'avoir, toi.» Que ressentez-vous? «Je préférerais être heureux plutôt que de t'avoir, toi. Si j'avais le choix, je choisirais le bonheur.» Combien d'entre vous ont eu l'impression de faire preuve d'égoïsme en prononçant ces paroles? Un grand nombre de personnes, semble-t-il. Comprenez-vous à quel point votre cerveau a été programmé au point de penser: «Comment puis-je être aussi égoïste?» Mais regardez plutôt ceux qui sont vraiment égoïstes. Imaginez que l'on vous dise: «Comment peux-tu être assez égoïste pour me préférer le bonheur?» N'avez-vous pas envie de répondre: «Excuse-moi, mais comment peux-tu être assez égoïste pour exiger que je te choisisse, toi, plutôt que le bonheur?»

Une dame m'a raconté que lorsqu'elle était enfant un de ses cousins jésuite avait dirigé une retraite dans une église du Milwaukee. Il commençait chaque causerie par ces mots: «L'épreuve de l'amour est le sacrifice, et la mesure de l'amour est la générosité.» Quelle merveille! Alors j'ai demandé à cette dame: «Voudriez-vous que je vous aime au prix de mon bonheur? — Oui», me répondit-elle. Merveilleux, n'est-ce pas? *Elle* m'aimerait au prix de son bonheur, *je* l'aimerais au prix de mon bonheur, et nous deviendrions ainsi *deux* personnes malheureuses! *Vive l'amour!*

Le désir du bonheur

Je disais donc que nous ne voulions pas être heureux. Nous voulons un tas d'autres choses, ou, plus précisément, nous ne voulons pas d'un bonheur inconditionnel. Je suis prêt à être heureux *à condition* de posséder ceci, et cela, et d'autres choses encore. Cela revient à dire à celui ou à celle que nous aimons, ou à notre Dieu, ou à qui que ce soit d'autre: «Tu es mon bonheur. *Si je ne te possède pas*, je refuse d'être heureux.» Il est extrêmement important de comprendre cela. Nous ne pouvons imaginer le bonheur en dehors de ces conditions. C'est aussi simple que cela. Nous ne pouvons concevoir le bonheur sans elles. On nous a appris à placer notre bonheur en elles.

Partant de là, la première chose dont nous avons besoin pour nous réveiller est de nous dire que nous voulons aimer, que nous voulons être libres, que nous voulons la joie, la paix et la spiritualité. En ce sens, la spiritualité est la chose la plus concrète du monde. Je défie quiconque de penser à une chose plus concrète que la spiritualité telle que je l'ai définie — ni piété, ni dévotion, ni adoration, mais spiritualité. Réveil! Réveil! Regardez autour de vous, voyez le chagrin, la solitude, la peur, le désordre, les conflits, qu'ils soient intérieurs ou extérieurs. Supposez que quelqu'un vous donne les moyens de résoudre tous ces problèmes et de mettre fin à cette incroyable dépense d'énergie, de santé, d'émotions qui découle des conflits et du désordre. Aimeriez-vous cela? Imaginez que quelqu'un nous montre comment aimer vraiment les autres, comment vivre dans la paix et dans l'amour. Existe-t-il une chose plus concrète au monde? Pourtant, il y a des gens qui sont persuadés que les affaires sont plus concrètes, que la politique est plus concrète, que la science est plus concrète. Mais à quoi sert d'envoyer des hommes sur la lune alors que nous sommes incapables de vivre sur la terre?

Quelle place tient la psychologie dans ce cours de spiritualité?

La psychologie est-elle plus concrète que la spiritualité? Rien n'est plus concret que la spiritualité. Que peut faire le pauvre psychologue? Il peut tout simplement soulager les tensions. Je suis psychologue moi-même et pratique la psychothérapie. Et je vis un terrible conflit intérieur lorsque je dois choisir entre la psychologie et la spiritualité. Je me demande parfois si l'on saisit exactement ce que je veux dire, car cela m'a pris, à moi, plusieurs années pour comprendre.

Voici mon explication. Je n'ai compris que lorsque j'ai découvert que les gens devaient souffrir *suffisamment* dans le cadre d'une relation avant d'être déçus de toutes les relations. N'est-ce pas une chose affreuse? Ils doivent souffrir *suffisamment* dans le cadre d'une relation pour être capables de se réveiller et de dire: «J'en ai assez! Il existe certainement une vie meilleure que celle qui consiste à dépendre d'autres êtres.» Quel est, dans ce cas, mon rôle de psychothérapeute? Les gens viennent à moi avec leurs problèmes relationnels, avec leurs problèmes de communication, et je suis parfois en mesure de les aider. Mais il arrive aussi, et c'est bien triste, que cela ne serve à rien, car cette aide garde ces gens dans leur état de sommeil. Peut-être leur manque-t-il un *petit peu* de souffrance. Peut-être faudrait-il qu'ils touchent le fond et se disent: «J'en ai assez de tout cela.» C'est seulement lorsqu'on en a assez de la maladie que l'on peut en guérir. La plupart des gens vont voir un psychologue ou un psychiatre pour trouver le soulagement, seulement le soulagement. Pas pour guérir vraiment.

Le petit Johnny est, comme on dit, mentalement retardé. Mais l'histoire qui suit va vous montrer qu'il est loin de l'être.

Johnny, dans la classe de modelage de l'école pour enfants retardés qu'il fréquente, reçoit sa provision de pâte à modeler et commence à la triturer. Il en détache un petit morceau et va dans un coin de la pièce pour y travailler. L'éducateur vient à lui et dit: «Hello, Johnny.» Et Johnny répond: «Hello.

— Qu'as-tu dans la main? demande l'éducateur.

— De la bouse de vache, répond l'enfant.

— Que vas-tu en faire?»

Et Johnny répond: «Un éducateur.»

L'éducateur se dit alors que le petit Johnny a régressé. Alors il fait signe au directeur qui passe justement devant la porte et lui déclare: «Le petit Johnny a régressé.»

Le directeur vient près de Johnny et lui dit: «Hello, fiston.» Et Johnny répond: «Hello.

— Qu'as-tu dans la main? demande le directeur.

— De la bouse de vache, dit l'enfant.

— Et que fais-tu avec cette bouse de vache?

— Un directeur», répond l'enfant.

Le directeur se dit qu'il s'agit là d'un problème pour le psychologue et fait appeler celui-ci.

Le psychologue est un gars astucieux. Il va à Johnny et dit: «Hello». Et Johnny répond: «Hello.

— Je sais ce que tu as dans la main, dit le psychologue.

— Quoi? dit Johnny.

— De la bouse de vache.

— Oui, dit Johnny.

— Et je sais ce que tu vas en faire.

— Quoi?

— Tu vas en faire un psychologue.

— Non, dit Johnny, je n'ai pas assez de bouse!»

Et on traite cet enfant de retardé!

Les pauvres psychologues font pourtant du bon travail. Lorsqu'on est sur le point de devenir dément, fou furieux, on est près de la psychose ou du mysticisme et, dans ce cas, la psychothérapie est d'une aide formidablement précieuse. Car le mystique est le contraire de l'insensé. Voulez-vous que je vous indique un signe qui va vous aider à savoir si vous êtes en train de vous réveiller? C'est lorsque vous vous demanderez à vous-même: «Suis-je fou, ou est-ce que tous les autres le sont?» Vous êtes près de la vérité. Car nous sommes tous fous. Le monde entier est fou. Des fous bons pour l'asile. La seule raison pour laquelle nous ne sommes pas tous dans des asiles d'aliénés est que nous sommes trop nombreux. Oui, nous sommes fous. Nous nous faisons des idées démentes sur l'amour, sur les relations, sur le bonheur, sur la joie, sur tout. J'en suis arrivé à me dire que si tout le monde est d'accord sur une idée, on peut être sûr qu'elle est fausse. Toute idée neuve, toute grande idée a toujours été d'abord celle d'une minorité.

Cet homme qu'on appelle Jésus Christ, par exemple: minorité réduite à un. Ceux qui l'entouraient disaient tous des choses différentes. Bouddha: minorité réduite à un. Ceux qui l'entouraient disaient tous des choses différentes. Je crois que c'est Bertrand Russell qui a dit: «Chaque grande idée commence par un blasphème.» Voilà qui est clair et précis. Vous allez entendre un tas de blasphèmes dans les jours qui vont suivre. «Il a blasphémé!» Le monde est fou, les hommes sont insensés; plus tôt vous en prendrez conscience, meilleure sera votre santé mentale et spirituelle. Ne faites confiance à personne, même pas à vos amis les plus chers. Perdez vos illusions sur vos amis. Ils sont très futés. Comme vous l'êtes vous-même lorsque vous négociez avec quelqu'un, bien que vous l'ignoriez sans doute. Ah, vous êtes si astucieux, si subtil, si malin. En vérité, vous jouez très bien la comédie.

Tout cela n'est pas très flatteur, n'est-ce pas? Mais encore une fois vous voulez vous réveiller. Vous jouez très bien la comédie. Et vous ne vous en rendez même pas compte. Vous vous croyez si aimant. Ah! Qui aimez-vous? Le sacrifice que vous croyez faire de vous-même vous donne une immense satisfaction, n'est-ce pas? «Je me sacrifie! Je vis en accord avec mes idéaux.» Mais vous en recueillez quelque chose, non? On retire toujours quelque chose de ce qu'on fait, jusqu'au réveil.

Vous voici donc à la première étape, qui consiste

à bien comprendre que vous ne voulez pas vous réveiller. Il est passablement difficile de se réveiller lorsqu'on a été hypnotisé afin de croire dur comme fer qu'un vieux morceau de journal est un chèque d'un million de dollars. Affreusement difficile de se séparer de ce vieux journal.

La solution n'est jamais dans le renoncement

Chaque fois que vous pratiquez le renoncement, vous vous dupez vous-même. Car chaque fois que vous renoncez à une chose, vous vous liez pour toujours à cette chose. Un gourou indien raconte ceci: «Une prostituée, à chacune de ses visites, ne me parle que de Dieu. Elle dit: "J'en ai assez de la vie que je mène. Ce que je veux, c'est Dieu. Mais chaque fois que je rencontre un prêtre, il ne me parle que du sexe."» Lorsqu'on veut renoncer à quelque chose, on se lie pour toujours à cette chose. Lorsqu'on lutte contre quelque chose, on lui reste attaché pour toujours. Tant que nous luttons contre une chose, nous lui donnons plein pouvoir sur nous-mêmes, autant de pouvoir que celui qu'on utilise pour lutter contre elle.

Cela inclut le communisme et les idéologies du même genre. Ce que je veux dire, c'est que vous devez «accueillir» vos démons, car lorsque vous luttez contre eux vous leur donnez plein pouvoir sur vous-même. Ne vous a-t-on jamais dit cela? Lorsque vous renoncez à une chose, vous vous liez à cette chose. Le seul moyen de s'en défaire n'est pas d'y renoncer, mais de *voir clairement cette chose*. Si vous arrivez à connaître sa valeur réelle, vous ne devrez pas y renoncer; elle se détachera tout simplement d'elle-même. Mais si vous ne comprenez pas cela, si vous restez hypnotisé par cette chose au point de croire qu'il n'y a pas de bonheur sans elle, vous resterez son prisonnier. Ce que je peux faire pour vous n'a rien à voir avec ce que la soi-disant spiritualité attend de vous — soit le sacrifice et le renoncement. Ces deux attitudes seront sans effet et vous resterez endormi. Ce que je peux faire pour vous est vous aider à comprendre, c'est tout. Si vous comprenez, autrement dit si vous vous réveillez, vous perdrez tout simplement le désir de ces choses.

Écouter et désapprendre

Certaines personnes sont réveillées par les réalités brutales de la vie. La souffrance est si forte qu'elle les réveille. Mais d'autres individus continuent à se cogner la tête encore et toujours contre la vie. Ils marchent en somnambules. Ils ne se réveillent jamais. Ce qui est tragique, c'est qu'ils ne se rendent pas compte qu'il y a une autre route, une autre route bien meilleure. En bref, si vous n'avez pas encore été suffisamment brisé par la vie, si vous n'avez pas encore assez souffert, il existe un autre moyen: *écouter*. Je ne veux pas dire par là que vous devez être d'accord avec tout ce que je vous dis. Ce ne serait pas une bonne écoute. Croyez-moi, que vous soyez d'accord avec moi ou non n'a vraiment pas d'importance, car l'accord ou le désaccord sont liés aux mots, aux concepts et aux théories, qui n'ont rien à voir avec la vérité.

La vérité ne s'exprime jamais par des mots. La vérité est une chose que l'on entrevoit soudainement, grâce à une certaine attitude. Ce qui veut dire que même en étant en désaccord avec moi, il vous est possible d'entrevoir la vérité. Mais une attitude faite d'ouverture d'esprit et de bonne volonté est nécessaire pour entrevoir quelque chose de neuf. C'est cela qui est important, pas votre accord ou votre désaccord avec moi. Après tout, l'essentiel de ce que je vous apporte ici consiste en théories. Aucune théorie ne s'applique adéquatement à la réalité. Je peux donc vous parler plus utilement des obstacles à la vérité que de la vérité elle-même, je peux vous les décrire. Je ne puis vous décrire la vérité. Personne ne le peut. Tout ce que je puis faire consiste à vous décrire les mensonges dans lesquels vous vivez, pour que vous puissiez vous en débarrasser, et à attaquer vos croyances et le système de croyances qui vous rendent malheureux. Tout ce que je puis faire consiste à vous aider à désapprendre. C'est de cela qu'il s'agit lorsqu'il est question de spiritualité: désapprendre, désapprendre presque tout ce que l'on a appris. Avoir la volonté de désapprendre, et d'écouter.

M'écoutez-vous, comme le font la plupart des gens, afin d'avoir la confirmation de ce que vous pensez déjà? Observez vos réactions tandis que je parle. Ne vous arrive-t-il pas souvent d'être surpris, ou choqué, ou scandalisé, ou irrité, ou contrarié, ou frustré? Mais il arrive aussi que vous vous disiez en vous-même: Formidable!

M'écoutez-vous afin d'avoir la confirmation de ce que vous pensez déjà? Ou m'écoutez-vous afin de découvrir des choses nouvelles? C'est cela qui est important. Mais cette écoute est difficile à ceux qui dorment. Jésus a apporté la bonne nouvelle et le peuple l'a rejeté. Pas parce que cette nouvelle était bonne, mais parce qu'elle était neuve. Nous haïssons ce qui est nouveau. Il est important de comprendre cela, et le plus tôt sera le mieux. Nous ne voulons pas de ce qui est nouveau, en particulier quand ce nouveau nous dérange, quand il signifie changement, et tout particulièrement quand il suppose la nécessité de nous dire: Je me suis trompé.

J'ai rencontré un jour, en Espagne, lors d'un atelier semblable à celui-ci, un jésuite âgé de quatre-vingt-sept ans, qui avait été recteur en Inde trente ou quarante ans plus tôt. Il avait été mon professeur. «J'aurais dû vous entendre parler soixante ans plus tôt, me dit-il. Savez-vous quelque chose. Moi, je me suis trompé toute ma vie.» Imaginez mon émotion en entendant ces paroles. C'était comme se trouver devant une des merveilles de la nature. Cela, mesdames et messieurs, s'appelle la *foi*! Une ouverture, une franchise totale devant la vérité, quelles que soient les conséquences, quel que soit le chemin qu'elle va nous faire prendre, quelle que soit notre ignorance au sujet de ce chemin. Cela s'appelle la *foi*. Pas la croyance, la *foi*. Vos croyances vous apportent la sécurité, alors que la foi signifie insécurité. Vous ne savez pas ce qu'elle vous réserve. Mais vous êtes prêt à la suivre et vous êtes ouvert, grand ouvert! Vous êtes prêt à écouter. Et être ouvert ne veut pas dire que vous êtes crédule; cela ne veut pas dire que vous avalez tout ce que votre interlocuteur vous dit. Oh non. Vous devez remettre en question, attaquer tout ce que je vous dis. Mais cette remise en question doit découler d'une ouverture d'esprit, non de l'entêtement. Il faut tout attaquer. Souvenez-vous de ces belles paroles de Bouddha: «Les moines et les érudits ne doivent pas accepter mes paroles parce qu'ils me respectent; ils doivent les analyser comme un orfèvre examine l'or — en coupant, grattant, frottant, mélangeant.»

En agissant de cette manière, vous écoutez vraiment. Vous faites un pas de plus vers le réveil. Le premier, je vous l'ai dit, consistait à être prêt à admettre que vous ne voulez pas vous réveiller, que vous ne voulez pas être heureux. Il existe en vous un tas de résistances contre ce réveil. Le second pas consiste à être prêt à comprendre, à écouter, à attaquer votre système de croyances. Pas seulement vos croyances religieuses, politiques, sociales, psychologiques, mais l'ensemble de vos croyances. Être prêt à les réévaluer toutes, comme Bouddha l'explique à l'aide de sa métaphore de l'orfèvre. Et je suis prêt à vous offrir un grand nombre de moyens d'y parvenir.

La mascarade de la charité

La charité n'est rien d'autre que l'intérêt personnel dissimulé sous le manteau de l'altruisme. Vous dites qu'il est très difficile d'accepter ces moments où vous n'êtes pas honnête lorsque vous essayez de vous montrer aimant ou confiant. Essayons de simplifier le plus possible, et même de rendre cela aussi carré et simpliste que possible, au moins pour commencer. Il y a deux types d'égoïsme. Le premier est celui où je m'offre le plaisir de me faire plaisir. C'est ce qu'on appelle généralement l'égocentrisme. Le second est celui où je m'offre le plaisir de faire plaisir aux autres. Il s'agit là d'un égoïsme plus raffiné.

Le premier égoïsme est tout à fait évident, alors que le second est dissimulé, très dissimulé, donc très dangereux, car il nous permet de croire que nous sommes vraiment extraordinaires. Alors que nous ne le sommes probablement pas. Vous protestez? Normal.

Vous, madame, vous dites que vous vivez seule et offrez chaque jour quelques heures de votre temps au presbytère. Mais vous admettez que vous agissez ainsi pour des raisons égoïstes — le besoin de savoir que les autres ont besoin de vous — et vous savez également que vous avez besoin de ce besoin qu'ont les autres afin de sentir que vous apportez votre petite contribution à la marche du monde. Mais vous prétendez aussi qu'il s'agit là d'un donné pour un reçu, puisque ceux à qui vous rendez service ont également besoin de votre aide.

C'est presque une révélation! Vous avez des choses à nous apprendre. C'est vrai. Cette dame dit: «Je donne quelque chose et je reçois quelque chose en échange.» Elle a raison. «Je donne mon aide, je donne quelque chose et je reçois quelque chose en échange.» C'est magnifique. C'est vrai. C'est une réalité. Il ne s'agit pas là de charité, mais d'un intérêt personnel bien compris.

Et vous, monsieur, vous soulignez que la bonne nouvelle de Jésus Christ est, en fin de compte, une bonne nouvelle intéressée. Nous obtenons la vie éternelle par nos actes charitables. «Venez à moi, bénis de mon Père; vous qui m'avez donné à manger quand j'étais affamé», et ainsi de suite. Vous dites que cela confirme parfaitement mes paroles. Lorsque nous pensons à Jésus, dites-vous, nous voyons que ses actes charitables étaient des actes ultimement intéressés, posés pour gagner des âmes à la vie éternelle. Et vous voyez en cela tout le dynamisme et le sens de la vie: la satisfaction de l'intérêt personnel par le biais de la charité.

Très bien. Mais en fait vous trichez un peu en

mêlant la religion à tout cela. Mais c'est légitime et bien fondé. Mais je ne parlerai de l'Évangile, de la Bible et de Jésus qu'à la *fin* de cet atelier. Pour l'instant, je ne m'en tiendrai qu'à ceci, ce qui risque de compliquer davantage les choses: «Vous qui m'avez donné à manger quand j'étais affamé; vous qui m'avez donné à boire quand j'avais soif.» Et que répondent-ils? «Quand avons-nous fait cela? Nous ne le savions pas.» Ils n'en avaient pas conscience! J'imagine parfois, lorsque le roi dit: «Vous qui m'avez donné à manger quand j'étais affamé», cette réponse faite par les gens qui sont dans le droit chemin: «C'est vrai, Seigneur, nous *savons* cela». Alors le roi dit: «Ce n'est pas à vous que je m'adressais. Votre réplique ne correspond pas au scénario. *Vous n'êtes pas censés savoir.*» N'est-ce pas intéressant? Mais *vous* savez. Vous savez quel plaisir intime vous ressentez lorsque vous posez des actes charitables. Ah! c'est vrai! Ce que vous ressentez est à l'opposé de ce que dit cet homme: «Qu'y a-t-il de si extraordinaire dans ce que j'ai fait? J'ai offert quelque chose et j'ai reçu quelque chose en échange. J'ignorais complètement que je faisais quelque chose de bien. Ma main gauche n'avait pas la moindre idée de ce que faisait ma main droite.» Vous savez, une bonne action n'est jamais aussi bonne que lorsqu'on n'en a pas conscience. On n'est jamais aussi bon que lorsqu'on n'a pas conscience de l'être. Un grand soufi disait: «Un saint est un saint, une sainte est une sainte jusqu'à ce qu'il ou elle ait conscience de l'être.» Inconscience naturelle!

Quelques-uns d'entre vous ne sont pas d'accord et disent: «Le plaisir n'est-il pas dans le don? N'est-ce pas cela, la vie éternelle ici et maintenant?» Je n'en sais rien. J'appelle cela plaisir, et rien d'autre. Pour l'instant en tout cas, au moins jusqu'à ce que nous en arrivions à la religion. Mais ce que je veux que vous compreniez tout de suite, c'est que la religion n'est pas nécessairement liée à la spiritualité. Laissons donc la religion en dehors de tout ceci pour l'instant.

D'accord, me direz-vous, mais alors qu'en est-il du soldat qui saute sur une grenade pour empêcher celle-ci de tuer ses compagnons? Et de cet homme qui se met au volant d'un camion rempli de dynamite pour la faire sauter à l'intérieur d'une garnison américaine à Beyrouth? Que penser de cet homme? Existe-t-il un amour plus grand que le sien? Ce n'est pas ce que pensent les Américains. Cet homme a agi délibérément. Il était effrayant, n'est-ce pas? Mais il ne le pensait pas, je puis vous l'assurer. Il pensait tout simplement qu'il allait monter tout droit au paradis. C'est ainsi. Comme le soldat qui s'est jeté sur la grenade.

J'essaie d'en arriver à l'image d'une action non intéressée, lorsque vous êtes éveillé et que votre action vient vraiment de vous. Votre action, dans ce cas-là, devient un événement. «Que cela m'arrive.» Je n'exclus pas cela. Mais lorsque vous la posez, cette action, je recherche en elle l'égoïsme. Même s'il s'agit seulement de dire: «On se souviendra de moi comme d'un grand héros» ou «Je ne pourrai pas continuer à vivre si je ne fais pas cela. Je ne pourrai pas continuer à vivre si je fuis.» Mais rappelez-vous, je n'exclus pas les autres formes d'actions. Je n'ai jamais dit qu'il n'y a pas d'action là où il n'y a pas d'intérêt. Peut-être y en a-t-il une. Nous allons explorer cette avenue. Un mère sauvant un enfant — sauvant *son* enfant, avez-vous dit. Mais pourquoi n'a-t-elle pas sauvé l'enfant de la voisine? Elle a sauvé le sien. Le soldat meurt-il pour *son* pays? Toutes ces morts me contrarient. Et je me demande: «Sont-elles le résultat d'un lavage de cerveau?» Les martyrs me contrarient. Je crois qu'ils sont souvent martyrs à cause d'un lavage de cerveau. Martyrs musulmans, martyrs hindous, martyrs bouddhistes, martyrs chrétiens. Lavage de cerveau!

On leur a mis dans la tête qu'ils doivent mourir, que la mort est une grande chose. Ils ne ressentent rien; ils se contentent d'aller tout droit à la mort. Mais pas tous cependant, c'est pourquoi il est important que vous m'écoutiez avec attention. Je n'ai pas dit qu'ils étaient tous dans le même cas, tout en n'en excluant pas la possibilité. Un grand nombre de communistes ont subi un lavage de cerveau (vous saviez déjà cela), au point qu'ils sont prêts à mourir. Parfois je me dis que la méthode utilisée pour fabriquer un saint François Xavier, par exemple, est identique à celle utilisée pour fabriquer un terroriste. On peut voir un homme faire une retraite de trente jours et en ressortir embrasé d'amour pour le Christ, et tout cela sans la moindre parcelle de conscience. Pas la moindre. Il peut devenir insupportable. Il se prend pour un grand saint.

Ce n'est pas pour calomnier saint François Xavier,

qui était probablement un grand saint, mais je crois que vivre avec lui n'était pas particulièrement facile. Il a été un piètre supérieur provincial. Faites votre enquête historique, vous verrez. Ignace doit constamment intervenir pour soulager la souffrance causée par l'intolérance de cet homme. L'intolérance est, semble-t-il, indispensable pour accomplir ce qu'il a accompli. Continuons, continuons, continuons, tant pis pour les corps qui s'amoncellent de chaque côté de la route. Quelques critiques de François Xavier affirment qu'il écartait des hommes de notre Compagnie et que ceux-ci en appelaient à Ignace, qui leur disait: «Venez à Rome et nous parlerons de tout cela.» Et Ignace, subrepticement, les réintégrait. Dans quelle mesure tout cela était-il conscient? Comment pouvons-nous juger sans savoir?

Je ne dis pas que la motivation pure — désintéressée — n'existe pas, je dis que ce que nous accomplissons l'est souvent dans notre intérêt propre. Tout ce que nous accomplissons. Lorsque vous faites quelque chose pour l'amour du Christ, faites-vous preuve d'égoïsme? Oui. Lorsque vous faites quelque chose pour l'amour d'autrui, vous le faites dans votre intérêt propre. Voici une illustration de ce que je veux dire: Supposons que vous habitiez Phoenix et que vous nourrissiez plus de cinq cents enfants par jour. Cela vous donne-t-il un sentiment agréable? Comment une telle action pourrait-elle vous donner un sentiment désagréable? Et pourtant cela peut néanmoins se produire. Tout cela parce que certaines personnes font des choses pour ne pas ressentir de sentiments désagréables. Et elles appellent *cela* charité. Alors qu'elles n'ont agi que pour ne pas se sentir coupables. Cela n'a rien à voir avec l'amour. Mais, Dieu soit loué, elles ont fait la charité et retirent du plaisir de cette action. C'est merveilleux! Un individu intéressé est un individu en bonne santé. Être intéressé est sain.

Permettez-moi de résumer ce que j'ai dit à propos de la charité désintéressée. J'ai dit qu'il existait deux types d'égoïsme, mais j'aurais peut-être dû dire trois. Le premièr, c'est lorsque je fais quelque chose, ou plutôt lorsque je me fais le plaisir de faire quelque chose; le deuxième, c'est quand je me donne le plaisir de plaire aux autres. Il n'y pas lieu d'en être fier, ni de croire que l'on est quelqu'un d'extraordinaire. Vous êtes une personne ordinaire qui a des goûts raffinés, sans plus. C'est votre goût qui est bon, pas votre spiritualité. Lorsque vous étiez enfant, vous aimiez le coca-cola; maintenant que vous êtes adulte, vous préférez, lorsqu'il fait chaud, vous désaltérer avec une bière glacée. Vos goûts sont devenus plus raffinés. Lorsque vous étiez enfant, vous aimiez le chocolat; maintenant que vous êtes adultes, vous préférez écouter une symphonie, ou lire un poème. Vos goûts sont devenus plus raffinés. Mais vous prenez votre plaisir de la même manière, sauf que vous le prenez à présent dans celui que vous donnez aux autres.

Venons-en maintenant au troisième type d'égoïsme, le pire: c'est quand vous faites quelque chose pour éviter un sentiment désagréable. Mais votre action ne vous donne aucun sentiment agréable, elle ne vous donne, en fin de compte, qu'un sentiment désagréable. Car vous haïssez cette action. Vous faites des sacrifices mais vous les faites en ronchonnant. Ah! vous vous connaissez bien mal si vous croyez qu'agir de la sorte vous rapportera quelque chose.

Si l'on m'avait donné un dollar chaque fois que j'ai fait des choses qui me donnent un sentiment désagréable, je serais millionnaire à l'heure qu'il est. Vous savez comment cela se passe: «Puis-je vous voir ce soir, mon Père? — Oui, bien sûr, venez!» Et pourtant je n'ai pas envie de le voir; l'idée de cette rencontre me déplaît. J'ai envie de regarder une émission à la télé, mais comment dire non? Je n'ai pas le courage de dire non. Alors je réponds: «Venez donc», tandis qu'en moi-même je me dis: Quel ennui!

Comme cela ne me donne pas un sentiment plus agréable de le rencontrer que de lui dire non, je choisis entre deux maux le moindre et je dis: «Très bien. Venez.» Je sais que je serai content lorsque l'entretien sera terminé et que je serai libre de cesser de sourire. Alors je commence l'entretien en lui demandant comment il va. «Merveilleusement bien, répond-il, et il poursuit en me disant et en me répétant combien il aime cet atelier, et je me dis en moi-même: Bon Dieu, quand en arrivera-t-il au cœur du sujet? Il finit par y arriver, et je le colle au mur, — métaphoriquement parlant — en lui disant: «N'importe quel imbécile pourrait résoudre ce genre de problème!» Et je lui donne congé. Enfin! me voici débarrassé de lui, me dis-je alors. Et le lendemain au déjeuner (parce que j'ai des remords d'avoir été un peu brutal), je vais vers lui et dit: «Comment ça va? — Pas mal du tout», me répond-il, puis il ajoute: «Vous savez, ce que vous m'avez dit hier soir m'a vraiment aidé. Puis-je vous voir après le dîner?» Incroyable.

C'est bien la pire forme de charité: faire quelque chose pour éviter d'avoir mauvaise conscience. Vous n'avez pas le courage de dire à un importun que vous avez envie d'être seul. Vous voulez que les autres croient que vous êtes un bon prêtre. Lorsque vous dites: «Je n'aime pas blesser les autres», je réponds: «Allons donc! Je ne vous crois pas.» Je ne crois pas ceux qui disent qu'ils ne veulent pas blesser les autres. Nous aimons blesser les autres, en particulier certaines personnes. Nous adorons cela. Et lorsque quelqu'un le fait à notre place, c'est encore mieux. Car nous évitons de blesser nous-mêmes *de peur d'être* blessés à notre tour. C'est ainsi. Si c'est nous qui blessons, les autres auront une mauvaise opinion de nous. Ils ne nous aimeront plus, ils diront du mal de nous et cela est si déplaisant!

À quoi pensez-vous?

La vie est un banquet. La tragédie réside dans le fait que la majeure partie du monde meurt de faim. C'est cela qui est au cœur de mon discours. Je connais une belle histoire à propos de naufragés à la dérive sur un radeau non loin des côtes brésiliennes. Ces gens mouraient de soif. Et ils ignoraient que l'eau sur laquelle ils flottaient était de l'eau potable. En fait, un fleuve de la côte se jetait avec une telle force dans la mer qu'il s'y répandait sur plusieurs kilomètres. Sans le savoir, les naufragés étaient entourés d'eau fraîche.

De la même manière, nous sommes entourés de joies, de bonheur et d'amour. Et la plupart d'entre nous n'en avons pas la moindre idée. Pourquoi? Parce que nous avons été soumis à un lavage de cerveau. Parce que nous avons été hypnotisés; parce que nous sommes endormis. Imaginez un magicien endormant un spectateur au cours d'un spectacle de manière à lui faire voir des choses qui n'existent pas et à l'empêcher de voir ce qui l'entoure. C'est bien de cela qu'il s'agit. Repentez-vous et accueillez la bonne nouvelle. Repentez-vous. Éveillez-vous! Cessez de vous lamenter sur vos péchés. Pourquoi vous lamenter sur des péchés commis alors que vous dormiez? Pourquoi pleurer sur des actions commises en état d'hypnose? Pourquoi vous identifier avec une personne hypnotisée? Réveillez-vous! Repentez-vous. Remettez à neuf votre esprit. Jetez un regard neuf sur ce qui vous entoure! Car «le royaume est ici!» C'est le chrétien authentique qui prend cela au sérieux. Je vous répète que la première chose à faire est de vous réveiller et de faire face au fait que vous n'aimez pas être réveillé. Car vous préférez posséder toutes ces choses qui vous apparaissent, dans votre état d'hypnose, comme infiniment précieuses et importantes, si importantes pour votre vie et votre survie. La seconde chose dont vous avez besoin est de comprendre. Comprendre que votre esprit est probablement encombré d'idées fausses et que ce sont ces idées qui vous influencent, sèment la confusion dans votre vie et vous gardent en sommeil. Ces idées concernant l'amour, la liberté, le bonheur et tout le reste. Il n'est pas facile d'écouter quelqu'un qui s'attaque à des idées qui vous sont devenues si précieuses.

Des chercheurs ont fait des études intéressantes sur le lavage de cerveau. Il a été démontré que cette pratique consiste à «introduire» dans le cerveau d'un individu une idée qui ne lui appartient pas, une idée qui appartient à quelqu'un d'autre. Et le plus comique, c'est que cet individu sera ensuite prêt à mourir pour cette idée. N'est-ce pas étrange? Le premier signe prouvant qu'un cerveau a été lavé et rempli ensuite de convictions et de croyances qui ne lui appartiennent pas se manifeste au moment où ces idées sont attaquées. Vous vous sentez comme assommé, vous réagissez irrationnellement. C'est là un des meilleurs signes — pas infaillible, mais un très bon signe cependant — démontrant que vous subissez les conséquences d'un lavage de cerveau. Vous êtes prêt à mourir pour une idée qui ne vous a jamais appartenu en propre. C'est ce qui arrive aux terroristes ou aux saints (aux soi-disant saints): ils reçoivent une idée, l'avalent en entier et sont ensuite prêts à mourir pour elle. Il est pratiquement impossible d'écouter un discours extérieur lorsqu'on réagit irrationnellement à propos d'une idée. L'écoute est déjà difficile lorsqu'on n'est pas irrationnel, car on n'écoute qu'en fonction de la programmation, du conditionnement dont on a été victime; de l'état hypnotique dans lequel on se trouve.

C'est souvent en fonction de cet état hypnotique et selon notre programmation et notre conditionnement que nous interprétons ce que nous entendons. Nous avons tous notre point de vue sur les choses. Et nous écoutons *ce* point de vue. «Henry, comme tu as changé! Tu étais si grand et te voilà devenu si petit! Tu étais si bien bâti et tu es devenu si maigre! Tu avais la peau si claire et elle est devenue si sombre! Que t'est-il arrivé, Henry?» Alors Henry répond: «Je ne suis pas Henry. Je suis John. — Oh, tu as aussi changé de nom!» Comment arriver à ce que des gens comme ça écoutent?

La chose la plus difficile au monde est d'écouter, de voir. Nous ne voulons pas voir. Croyez-vous qu'un capitaliste veut voir ce que le système communiste a de bon? Croyez-vous qu'un communiste veut voir ce qui est bon et sain dans le système capitaliste? Croyez-vous qu'un homme riche veut voir les pauvres? Nous refusons de regarder, parce que voir nous obligera peut-être à changer. Nous ne voulons pas regarder. Si nous regardons, nous perdons le contrôle précaire que nous avons si péniblement réussi à établir sur notre vie. Ce qui veut dire que la seule chose dont nous avons besoin pour nous réveiller n'est pas l'énergie, ou la force, ou la jeunesse, ou même une grande intelligence; la seule chose dont nous avons besoin est d'être prêts à apprendre. Les chances de réveil sont directement proportionnelles à la quantité de vérité que l'on est capable d'assumer sans avoir envie de fuir. Quelle quantité de vérité êtes-vous en mesure d'assumer? Quelle quantité de ce qui vous est si cher êtes-vous prêt à perdre sans prendre la fuite? Dans quelle mesure êtes-vous prêt à accueillir ce qui ne vous est pas familier?

La première réaction est la peur. Ce n'est pas que nous craignions l'inconnu: on ne peut craindre une chose que l'on ne connaît pas. Personne n'a peur de l'inconnu. Ce que l'on craint est la perte du connu. C'est cela que nous craignons.

Par le biais d'un exemple, je vous ai expliqué que tous nos actes sont teintés d'égoïsme. C'est une vérité difficile à entendre. Mais pensons-y pendant quelques secondes, pénétrons un peu plus profondément en elle. Si tout ce que vous faites découle d'un intérêt personnel, — éclairé ou autre —, que ressentez-vous à propos de vos actes charitables et de vos bonnes actions? Que deviennent-elles dans tout cela? Je vous propose un petit exercice. Pensez à toutes les bonnes actions que vous avez posées, ou plutôt à quelques-unes d'entre elles (je ne vous donne que quelques secondes).

Maintenant essayez de comprendre qu'elles n'ont été générées que par votre intérêt personnel, que vous en ayez eu conscience ou non. Qu'advient-il de votre fierté? Qu'advient-il de votre vanité? Qu'advient-il de la bonne opinion que vous avez de vous-même, de cette tape que vous vous donnez sur l'épaule chaque fois que vous posez un acte charitable? Tout cela se dégonfle un peu, n'est-ce pas? Qu'advient-il de ce regard posé sur votre voisin que vous accusez d'être si égoïste? La perspective change complètement, n'est-il pas vrai? Eh bien, mon voisin a des goûts plus grossiers que les miens, vous dites-vous. Vous êtes le plus dangereux des deux, cela ne fait aucun doute. Jésus Christ semble avoir eu moins de problèmes avec le premier type de personne qu'avec vous. Beaucoup moins de problèmes. Il a surtout eu des problèmes avec les gens qui étaient vraiment convaincus d'être des modèles. Les autres types de personnes ne semblent pas lui avoir donné trop de problèmes, ces personnes qui étaient ouvertement égoïstes et savaient qu'elles l'étaient. Voyez-vous à présent combien cette lucidité est libératrice? Allons, réveillez-vous! C'est merveilleux. Vous êtes déprimés? Peut-être. Mais n'est-il pas merveilleux de comprendre que vous n'êtes pas meilleur que ceux qui vous entourent? N'est-ce pas merveilleux? Vous êtes désappointé? Voyez plutôt ce que vous avez mis au jour. Comment se porte votre vanité, à présent? Vous voulez toujours vous donner le sentiment d'être meilleur que les autres? Voyez plutôt comment nous sommes arrivés à mettre une idée fausse en pleine lumière.

Bon, mauvais, ou chanceux

L'égoïsme provient de l'instinct de conservation, qui est le premier et le plus profond de tous les instincts. Comment pourrions-nous opter pour la générosité? Cela équivaudrait presque à opter pour le non-être. Selon moi, cela ressemblerait au non-être. Quoi qu'il en soit, je vous dis ceci: Cessez de vous sentir fautif lorsque vous êtes égoïste: nous sommes tous pareils. Un jour, quelqu'un a dit une chose extrêmement belle sur Jésus. Un homme qui n'était même pas chrétien. Il a dit ceci: «La plus belle chose à propos de Jésus, c'est qu'il était à l'aise avec les pécheurs, parce qu'il savait qu'il n'était pas meilleur qu'eux.» Nous différons des autres — des criminels, par exemple — uniquement par ce que nous faisons ou ne faisons pas, *non pas par ce que nous sommes.* La seule différence entre Jésus et les autres résidait dans le fait qu'il était éveillé alors qu'eux ne l'étaient pas. Regardez ces gens qui gagnent à la loterie. Est-ce qu'ils disent: «Je suis heureux d'accepter cet argent, mais ce n'est pas pour moi que je suis heureux, c'est pour mon pays et pour la société dans laquelle je vis»? Imaginez-vous quelqu'un tenant un tel discours après avoir gagné à la loterie? Non. Parce que celui qui gagne a eu de la chance, tout simplement de la chance. C'est pour ça qu'il a gagné le gros lot à la loterie. Y a-t-il là une raison d'être fier?

De la même manière, lorsque vous arriverez à l'illumination, cela servira votre intérêt personnel et vous pourrez vous estimer chanceux. Quelle gloire y a-t-il à cela? Ne voyez-vous pas combien il est stupide d'être vaniteux à propos des bonnes actions que l'on pose? Les pharisiens n'étaient pas démoniaques, ils étaient stupides. Ils ne réfléchissaient pas. Quelqu'un a dit un jour: «Je n'ose pas me mettre à réfléchir car je ne saurai plus comment faire pour continuer à fonctionner.»

Nos illusions sur les autres

En conséquence, si vous vous mettez à réfléchir, vous verrez qu'il n'y a vraiment pas de quoi être fier. Quelles conséquences cela peut-il avoir sur vos relations avec les autres? De quoi vous plaignez-vous? Un jeune homme se lamentait parce que sa petite amie l'avait abandonné; il l'accusait de lui avoir menti. Mais qu'espériez-vous donc? Il fallait vous attendre au pire, vous étiez en relation avec un être égoïste. C'est vous qui vous êtes montré idiot dans cette affaire — vous portiez cette jeune fille aux nues, n'est-il pas vrai? Vous la preniez pour une princesse. Vous étiez convaincu que les gens sont bien. Non, les gens ne sont pas bien. Ils sont aussi mauvais que vous l'êtes — mauvais, comprenez-vous cela? Ils dorment, comme vous. Et que croyez-vous qu'ils recherchent? Leur intérêt, comme vous recherchez le vôtre. C'est exactement la même chose. Il n'y a aucune différence. Pouvez-vous imaginer à quel point il serait libérateur que vous ne soyez plus jamais déçu, plus jamais désappointé? Jamais plus vous ne vous sentiriez abandonné. Ou rejeté. Vous voulez vous réveiller? Vous voulez être heureux? Vous voulez être libre? C'est très simple: débarrassez-vous de vos idées fausses. Voyez clair dans ceux qui vous entourent. Si vous voyez clair en vous-même, vous verrez clairement ceux qui vous entourent. Alors vous les aimerez. Si vous ne voyez pas clairement ces êtres, vous passerez votre temps à vous colleter avec les idées fausses que vous vous faites sur eux, avec vos illusions qui ne cessent de se heurter à la réalité.

La majeure partie d'entre vous trouve probablement alarmante cette notion voulant que les individus, mises à part les rares personnes éveillées, *soient* censés être égoïstes et ne rechercher que leur intérêt personnel à l'aide de moyens grossiers ou raffinés. Cela vous permet de comprendre qu'il n'y a aucune raison d'être désappointé ou déçu. Si vous aviez eu conscience de la réalité, vous n'auriez jamais été déçu. Au lieu de cela, vous préférez habiller ceux qui vous entourent de couleurs chatoyantes; vous refusez de voir les êtres humains tels qu'ils sont, comme vous refusez de voir clair en vous-même. Et vous êtes en train de payer pour cet aveuglement.

Avant d'aller plus avant dans cette discussion, écoutez cette histoire que j'ai racontée à quelqu'un qui m'a demandé à quoi ressemblaient l'éveil et l'illumination. Un clochard londonien cherche un endroit où passer la nuit. Il a dû se contenter d'un croûton de pain en guise de repas. Il arrive sur une des berges de la Tamise. Comme il tombe un léger grésil, il s'enveloppe soigneusement dans son manteau loqueteux. Au moment où il est sur le point de s'endormir, une Rolls Royce s'arrête. Une belle jeune femme en descend et lui dit: «Mon pauvre homme, allez-vous vraiment passer la nuit sur la berge? — Oui, répond le clochard. — Je ne puis supporter cela. Je vais vous emmener chez moi, où vous passerez la nuit confortablement après avoir pris un bon dîner.» La jeune femme presse le clochard de monter dans la voiture. Ils sortent de Londres et arrivent devant une immense résidence entourée de jardins. Un majordome leur ouvre la porte et la jeune femme lui dit: «James, je compte sur vous pour installer cet homme dans le quartier des domestiques. Veillez à ce qu'il soit bien traité.» Ce que fait James. Quelque temps après, la jeune femme, déshabillée et prête à se mettre au lit, se souvient soudain de son invité. Elle enfile une robe de chambre et emprunte un corridor pour se rendre au quartier des domestiques. Voyant passer un rai de lumière sous la porte de la chambre dans laquelle le clochard a été installé, elle frappe, entre et trouve l'homme éveillé. «Que se passe-t-il, brave homme, n'avez-vous pas reçu un bon repas?

— Je n'ai jamais fait de meilleur repas de toute ma vie, madame.

— Avez-vous assez chaud?

— Oui, le lit est chaud et confortable.

— Peut-être avez-vous besoin de compagnie. Pourquoi ne me feriez-vous pas une petite place?»

Sur ces mots, elle s'approche de lui. Alors l'homme recule pour lui faire une place et tombe dans la Tamise.

Vous ne vous attendiez pas à cela, n'est-ce pas? Illumination. Illumination. Réveillez-vous! Lorsque vous serez prêt à échanger vos illusions pour la réalité, lorsque vous serez prêt à échanger vos rêves pour les faits, alors vous trouverez l'illumination. C'est alors que la vie prendra enfin un sens. C'est alors que la vie deviendra belle.

J'ai une autre histoire à vous raconter. Celle d'un homme nommé Ramirez. Il est vieux et vit dans un château sur une colline. De son lit, il regarde par la fenêtre (il est paralysé) et voit approcher son ennemi. Ce dernier est vieux lui aussi. Alors il grimpe la colline lentement, péniblement, appuyé sur une canne. Il lui faudra deux heures et demie pour arriver au sommet. Ramirez ne peut rien faire; il est seul, c'est le jour de congé des domestiques. Alors son ennemi ouvre la porte, entre directement dans la chambre, enfouit une main sous son manteau et en sort un revolver. «Ramirez, l'heure est enfin venue de régler nos comptes!» Ramirez rassemble ses forces pour essayer de discuter avec l'homme. «Allons, Borgia, tu ne peux pas faire ça. Tu sais que je n'ai plus rien de commun avec l'homme qui a maltraité ce jeune garçon il y a un grand nombre d'années; et tu sais que tu n'as plus rien de commun avec ce jeune garçon. Oublie tout cela!

— Jamais! répond son ennemi. Tes paroles conciliantes ne me détourneront pas de ma mission sacrée.

Je veux ma revanche et tu ne pourras pas m'en dissuader.

— Oui, mais tu oublies une chose, dit Ramirez.

— Quoi?

— Je peux me réveiller.»

Et c'est ce qu'il fit, il se réveilla! C'est cela l'illumination. Lorsque quelqu'un vous dit: «Tu ne pourras pas m'en dissuader», vous pouvez répondre: «Oui, mais je peux me réveiller!» Tout à coup, la vie cesse d'être le cauchemar qu'elle avait semblé être jusque-là. Réveillez-vous!

Un jour quelqu'un m'a demandé: «Êtes-vous éclairé?» Quelle fut ma réponse, selon vous? Cela n'a aucune importance!

Vous voulez une meilleure réponse? Alors elle pourrait être celle-ci: «Comment puis-je savoir? Comment pouvez-vous savoir? Et quelle importance cela a-t-il?» Vous savez, si vous désirez trop vivement une chose, vous risquez d'avoir de gros problèmes. De plus, si j'étais éclairé et que vous m'écoutiez parce que je suis éclairé, vous auriez alors un gros problème. Voulez-vous réellement avoir un lavage de cerveau par quelqu'un qui est éclairé? On peut se faire endoctriner par n'importe qui, vous ne croyez pas? Quelle importance que quelqu'un soit éclairé ou non? Mais voilà, nous voulons nous appuyer sur quelqu'un, tout est là, et de préférence sur celui qui, selon nous, est arrivé au but. Nous adorons apprendre que des gens sont arrivés au but. Cela nous donne de l'espoir. Que voulez-vous espérer? N'est-ce pas là une autre forme de désir?

Vous voulez espérer en des choses meilleures que celles que vous possédez. Sinon vous n'espéreriez pas. Ce que vous ne savez pas, c'est que vous possédez déjà ces choses. Pourquoi ne pas vous concentrer sur le présent au lieu d'espérer en un avenir meilleur? Pour quoi ne pas comprendre le présent plutôt que de l'oublier et d'espérer un avenir meilleur? Le futur n'est-il pas tout simplement un autre piège?

S'observer

Le seul moyen à la portée d'un individu désireux de vous aider est de s'attaquer à vos idées. Mais si vous êtes prêt à écouter et à vous remettre en question, il existe une chose que vous pouvez faire *sans l'aide de personne*. Quelle est cette chose importante? S'observer. Personne ne peut vous aider dans cette discipline. Personne ne peut vous fournir une méthode. Personne ne peut vous donner une technique. Lorsque vous adoptez une technique, cela signifie que vous êtes programmé. S'observer — qui signifie «se regarder» — est essentiel. Cela n'a rien à voir avec le fait de se laisser absorber par soi-même. Se laisser absorber par soi-même signifie être préoccupé par soi-même, inquiet au sujet de sa personne. Ce dont je parle, c'est de l'observation de soi. De quoi est-elle faite? De l'observation de tout ce qui se passe en vous et aussi loin que possible autour de vous, comme si toutes ces choses concernaient quelqu'un d'autre. C'est-à-dire que vous devez éviter de considérer d'un point de vue personnel les choses qui vous arrivent. Cela signifie que vous devez regarder les choses comme si vous n'aviez aucun lien personnel avec elles.

Vous êtes déprimé et anxieux parce que vous vous identifiez à ces choses. Vous vous dites: «Je suis déprimé.» Mais cela est faux. Vous n'êtes pas déprimé. Il serait plus précis de dire: «Je vis actuellement une dépression.» Mais vous ne pouvez pas dire: «Je suis déprimé», car *vous n'êtes pas* votre dépression. Il s'agit là d'une ruse étrange de l'esprit, d'une étrange illusion. Vous vous dupez vous-même en pensant — bien que vous n'en soyez pas conscient — que *vous êtes* votre dépression, que *vous êtes* votre angoisse, que *vous êtes* votre joie ou vos émotions. «Je suis ravi!» dites-vous. Non, vous n'êtes pas ravi. Le ravissement est peut-être en vous maintenant, mais attendez un moment, il se transformera; il ne durera pas: il ne dure jamais, il ne cesse de se transformer, il se transforme toujours. Les nuages vont et viennent, quelques-uns sont noirs, d'autres blancs; certains sont gros, d'autres petits. Poussons plus loin l'analogie: vous êtes le ciel et vous observez les nuages. Vous êtes un observateur passif, détaché. Je sais, c'est une attitude choquante, en particulier dans la culture occidentale. N'intervenez pas. *N'arrangez* rien. Regardez! Observez!

Le problème avec les gens, c'est qu'ils s'obstinent à arranger des choses qu'ils ne comprennent même pas. Nous ne cessons d'arranger les choses, n'est-il pas vrai? Il ne vient jamais à l'esprit des gens que les choses n'ont pas besoin d'être arrangées. Vraiment pas. Comprendre cela est une grande illumination. Les choses doivent être comprises. Si vous les comprenez, elles changent.

Conscience sans évaluation

Vous voulez changer le monde? Pourquoi ne pas commencer par vous changer vous-même? Pourquoi ne pas vous transformer d'abord? Mais comment y arriver? Par l'observation. Par la compréhension. Sans intervenir personnellement, sans porter de jugement. Lorsqu'on juge, on est incapable de comprendre.

Au moment même où vous dites d'un individu qu'il est communiste, la compréhension est interrompue. Vous lui avez collé une étiquette. Si vous dites: «Elle est capitaliste», la compréhension est interrompue. Vous lui avez collé une étiquette, et que cette étiquette porte une mention positive ou négative, elle ne peut que lui nuire. D'ailleurs, comment pourriez-vous comprendre ce que vous désapprouvez ou approuvez? Tout cela est radicalement opposé à tout ce que vous pensiez, n'est-ce pas? Aucun jugement, aucun commentaire, aucune attitude critique: il s'agit tout simplement d'observer, d'étudier, de regarder sans le moindre désir de changer ce qui est.

Lorsque vous essayez de transformer ce qu'est un être ou une chose en ce que vous pensez qu'il ou elle devraient être, vous cessez de comprendre. Un dresseur de chiens essaie de comprendre les chiens afin de pouvoir les dresser à accomplir certains tours. Un entomologiste observe le comportement des fourmis dans le seul but d'étudier les fourmis, de réunir le plus d'informations possibles sur ces insectes. Il n'a pas d'autre but. Il n'essaie pas de les dresser ou d'en obtenir autre chose. Les fourmis l'intéressent, il veut en apprendre le plus possible à leur propos. C'est son attitude devant les fourmis. Le jour où vous serez capable d'adopter une telle attitude, vous aurez accompli un miracle. Vous changerez — sans effort et sans ratés. Le changement se produira de lui-même, vous n'aurez même pas à le susciter. Et lorsque la vie de la conscience éclairera l'obscurité dans laquelle vous avez vécu jusqu'ici, tous les démons disparaîtront. Tout ce qui est bon sera nourri. Vous vivrez cela par vous-même.

Mais tout cela demande un esprit discipliné. Lorsque je parle de discipline, je ne parle pas d'effort, je parle de quelque chose d'autre. Avez-vous déjà observé un athlète? Toute sa vie est consacrée au sport qu'il pratique, toute sa vie est disciplinée en fonction de ce sport. Regardez ce fleuve qui se dirige vers la mer. Il crée lui-même les rives qui le contiennent. Lorsqu'il y a en vous une chose qui se dirige dans la bonne direction, elle crée sa propre discipline. C'est à ce moment-là que vous devenez un mordu de la conscience. Oh, comme c'est délicieux! C'est la chose la plus délicieuse au monde. Il n'y a rien de plus important sur cette terre que la conscience. Rien! Avec, bien sûr, une discipline bien comprise.

Il n'y a pas de sensation plus délicieuse que celle que procure la conscience. Préféreriez-vous vivre dans l'obscurité? Préféreriez-vous agir et n'être pas conscient de vos actes, parler et n'être pas conscient de vos paroles? Préféreriez-vous écouter sans comprendre ce qu'on vous dit, ou voir des choses sans être conscient de ce que vous regardez? Le grand Socrate disait: «Une vie sans conscience ne vaut pas la peine d'être vécue.» C'est une vérité absolue. La plupart des gens ne vivent pas une vie consciente. Ils vivent une vie machinale, ont des pensées machinales — généralement celles des autres —, des émotions machinales, des réactions machinales, et ils agissent machinalement. Voulez-vous voir à quel point vous agissez machinalement? «Oh, quelle belle chemise vous portez!» Comme vous êtes satisfait d'entendre cela. Mais il ne s'agit que d'une chemise, pour l'amour du ciel! Mais non, vous êtes fier lorsque vous entendez cela. Les gens qui me rendent visite à mon Centre en Inde me disent: «Quel endroit merveilleux! Quels arbres magnifiques!» Si cet endroit est merveilleux et les arbres magnifiques, je n'y suis certainement pour rien. «Quel climat extraordinaire!» Et voilà que je me sens bien, jusqu'à ce que je me surprenne à me sentir bien, alors je me dis: Comment peux-tu être aussi stupide? Je n'ai rien à voir dans la beauté de ces arbres; ce n'est pas moi qui ai choisi l'endroit où se trouve le Centre. Je n'ai pas commandé au temps; s'il fait beau, je n'y suis pour rien. Mais voilà, «moi» est entré dans tout cela et je me sens bien. Je me sens bien à propos de «ma» culture et de «mon» pays. Comme on peut être stupide! Je n'exagère pas. On me dit que la grande culture indienne a produit un grand nombre de mystiques. Je ne les ai pas produits. Je ne suis pour rien dans leur existence. Ou alors on me dit: «Votre pays est si pauvre — c'est dégoûtant!» Alors j'ai honte. Mais je n'ai pas créé cette pauvreté. Que se passe-t-il? Pourquoi ne prenons-nous pas le temps de réfléchir? Les gens me disent: «Je vous trouve charmant», et je me sens merveilleusement bien; j'ai reçu une petite tape positive (c'est pour cela qu'on utilise l'expression «Tu es O.K., je suis O.K.). Un jour j'écrirai un livre que j'intitulerai *Je suis un âne, tu es un âne*. C'est là une des choses les plus libératrices, les plus extraordinaires qui soient au monde: admettre que l'on est un âne. C'est merveilleux. Lorsque des gens me disent: «Vous avez tort», je réponds: «Espériez-vous autre chose d'un âne?»

Désarmé, chacun doit être désarmé. Lors du désarmement final, il ne reste plus que des ânes: je suis un âne, tu es un âne. Pour l'instant, les choses se passent ainsi: je presse un bouton et vous êtes content; j'en presse un autre et vous êtes déprimé. Et vous aimez cela. Combien de personnes connaissez-vous, dans votre entourage, qui ne soient pas atteintes par la louange ou le blâme? C'est humain, dites-vous. Être humain veut dire se comporter comme un petit singe et permettre aux autres de vous tirer la queue, et faire ensuite ce que l'on est *censé* faire. Mais cela est-il vraiment humain? Si vous me trouvez charmant, cela veut tout simplement dire que vous êtes dans une bonne disposition d'esprit, rien de plus.

Cela veut également dire que je réponds affirmativement à vos critères. Nous nous promenons avec une liste de critères, et il semble que nous mesurions tout selon cette liste — grand, oui..., élégant, selon mes goûts à moi. «J'aime le son de sa voix.» Vous dites: «Je suis amoureux.» Vous n'êtes pas amoureux, âne stupide! Chaque fois que vous êtes amoureux — j'hésite à vous dire cela — vous êtes particulièrement idiot. Asseyez-vous un moment et voyez ce qui vous arrive. Vous vous fuyez vous-même. Vous voulez vous évader. Un jour, quelqu'un a dit: «Merci pour la réalité *et* pour les moyens de lui échapper.» C'est exactement ce qui se passe. Nous sommes si machinaux, nous nous dominons si bien. Nous écrivons des livres sur le contrôle de soi et sur le plaisir de posséder ce contrôle et sur la nécessité d'entendre les gens nous dire que l'on est O.K. C'est alors que nous nous sentons bien. Comme il est doux d'être en prison! Ou plutôt, comme quelqu'un me le disait hier, en cage. Aimez-vous être en prison? Aimez-vous vous dominer? Permettez-moi de vous dire ceci: si vous vous autorisez à vous sentir bien lorsque des gens vous disent que vous êtes O.K., vous vous préparez à vous sentir bien mal lorsqu'ils vous diront le contraire. Il en sera ainsi tant que vous vivrez pour répondre aux attentes des autres, tant que vous serez trop attentif aux vêtements que vous portez, à la manière dont vous vous coiffez, à l'état de vos chaussures — en bref, à toutes ces fichues attentes des autres que vous essayez de combler. Est-ce là un comportement humain?

C'est cela que vous découvrirez en vous observant. Vous serez horrifié! Le fait est que vous n'êtes ni O.K., ni le contraire. Vous coïncidez peut-être à l'humeur du moment, ou à une tendance, ou à la mode, mais cela prouve-t-il que vous êtes O.K.? Le fait d'être O.K. dépend-il de cela? Dépend-il de ce que les gens pensent de vous? Jésus Christ, si l'on en juge par ces critères, n'était pas vraiment ce que l'on peut appeler O.K., n'est-ce pas? Vous n'êtes pas O.K., vous êtes vous. J'espère que cela va constituer une grande découverte, au moins pour quelques-uns d'entre vous. Si trois ou quatre d'entre vous font cette découverte au cours de ces quelques jours passés ensemble, quel merveilleux résultat! Ce serait extraordinaire. Alors laissez tomber tous ces O.K. ou ces non O.K., débarrassez-vous de tous ces jugements et contentez-vous d'observer, de regarder. Vous allez faire de grandes découvertes. Des découvertes qui vont vous transformer. Et tout cela sans le moindre effort, vous pouvez m'en croire.

Tout cela me rappelle ce Londonien. L'histoire se passe après la guerre. L'homme est assis dans un bus, un colis entouré de papier brun sur les genoux. C'est un objet lourd et volumineux. Le conducteur vient à lui et lui dit: «Qu'avez-vous sur les genoux?

— Une bombe non désamorcée. Nous l'avons

déterrée dans le jardin et je l'emporte au poste de police.

— Vous ne pouvez pas la garder sur vos genoux, déclare le conducteur, mettez-la sous votre siège.»

La psychologie et la spiritualité (comme nous les entendons généralement) transfèrent la bombe de nos genoux à l'espace se trouvant sous notre siège. Elles ne résolvent pas vraiment nos problèmes. Elles remplacent nos problèmes par d'autres problèmes. Vous êtes-vous déjà rendu compte de cela? Vous avez un problème, et vous le remplacez par un autre. Et il en sera de même jusqu'à ce que vous résolviez le problème qui s'appelle «vous».

L'illusion de la récompense

Nous ne pourrons continuer à avancer que lorsque vous en arriverez là. Les grands mystiques et les maîtres orientaux disent: «Qui êtes-*vous?*» Nombreux sont ceux qui croient que la question la plus importante est: Qui est Jésus Christ? Ils se trompent.

D'autres croient que la question à poser est: Dieu existe-t-il? Ils se trompent également. D'autres encore demandent: Y a-t-il une vie après la mort? Erreur encore. Personne ne semble s'attaquer à ce vrai problème: y a-t-il une vie *avant* la mort? Mon expérience m'a appris que ce sont précisément ceux qui ne savent pas quoi faire avec *cette* vie qui s'énervent et se tracassent à propos de ce qu'ils vont faire dans *l'autre*. Un des signes du réveil est que l'on se fiche pas mal de ce qui va arriver dans l'autre vie. On ne se tracasse pas le moins du monde à ce propos. Aucune importance. aucun intérêt. Point final.

Savez-vous en quoi consiste la vie éternelle? Vous croyez qu'il s'agit d'une vie perpétuelle. Mais vos théologiens vous diront que cette idée est folle, parce que la perpétuité s'insère dans le cadre du temps. C'est le temps qui dure à jamais. Éternel signifie sans temps — pas avec temps. L'esprit humain ne peut comprendre cela. L'esprit humain peut comprendre le temps et le nier, mais ce qui est éternel est au-delà de notre compréhension. Pourtant, les mystiques nous disent que l'éternité est à notre portée, dans le moment présent. Une bonne nouvelle, n'est-ce pas? Elle est vraiment à notre portée. Les gens sont affreusement angoissés lorsque je leur dis d'oublier leur passé. Ils sont si fiers de leur passé, ou alors ils en sont si honteux! Quelle folie! Abandonnez ces regrets. Lorsque vous entendez: «Repentez-vous de vos fautes passées», dites-vous bien que tout cela n'est qu'une distraction inventée par la religion pour vous empêcher de vous réveiller. Réveillez-vous! C'est cela que signifie «se repentir». Cessez de vous lamenter sur vos péchés. Réveillez-vous! Essayez de comprendre que les pleurs sont inutiles. Réveillez-vous!

Se trouver

Les grands maîtres nous disent que la question la plus importante dans le monde est: Qui suis-je? Ou plutôt: Qu'est-ce que «Je»? Quelle est cette chose appelée «Je»? Quelle est cette chose que j'appelle «moi»? Vous dites que vous comprenez toutes choses de ce monde et vous ne comprenez pas cela? Vous dites que vous comprenez l'astronomie, les trous noirs et les quasars, que vous saisissez la science des ordinateurs et vous ne savez même pas qui vous êtes? Eh bien, j'en conclus que vous êtes encore endormi. Vous êtes un scientifique endormi. Vous dites que vous comprenez ce qu'est Jésus Christ et vous ne savez pas qui vous êtes? Comment savez-vous que vous avez compris Jésus Christ? Qui est cette personne qui comprend? Il est important de répondre d'abord à cette question. C'est le fondement de tout le reste. C'est parce que nous n'avons pas encore compris cela que tous ces disciples stupides de mouvements religieux se font des guerres religieuses — musulmans contre juifs, protestants contre catholiques, et tous les autres. Ils ne savent pas qui ils sont. S'ils le savaient, il n'y aurait pas de guerre. Une petite fille dit un jour à un petit garçon: «Tu es presbytérien?

— Non, répond-il, nous appartenons à une autre abomination!»

Mais je veux insister encore sur l'observation de soi. Vous m'écoutez, mais êtes-vous attentif à d'autres sons hormis le son de ma voix? Êtes-vous conscient de vos réactions tandis que vous m'écoutez? Si vous ne l'êtes pas, vous allez vous faire endoctriner. Ou alors vous allez être influencé par des forces qui sont en vous et dont vous n'avez pas conscience. Mais même si vous êtes conscient de votre réaction vis-à-vis de moi, êtes-vous simultanément conscient de la source de cette réaction? Peut-être ne m'écoutez-vous pas du tout; peut-être est-ce votre papa qui m'écoute. Croyez-vous que cela soit possible? Bien sûr que cela est possible. Je ne cesse de voir, dans mes groupes de thérapie, des gens qui ne sont pas là. Leur papa, leur maman, oui, mais eux sont absents. Ils ne sont jamais là. «Je vis, non, ce n'est pas moi, c'est mon papa qui vit en moi.» Cela est rigoureusement vrai. Je pourrais vous démonter morceau par morceau et vous demander: «Dites-moi, la phrase que vous venez de prononcer, elle vient de papa, de maman, de grand-mère, de grand-père, de qui vient-elle?»

Qui vit en vous? Comprendre que quelqu'un vit en nous est passablement horrible. Vous vous croyez libre, mais il n'y a pas un geste, pas une pensée, pas une émotion, pas une attitude, pas une croyance qui ne vous viennent de quelqu'un d'autre. N'est-ce pas horrible? Et vous ne le savez même pas. Une vie machinale vous a été imposée. Vous avez de solides convictions et vous pensez que ces convictions vous appartiennent en propre, mais est-ce bien vrai? Vous allez avoir besoin d'un surcroît important de conscience pour comprendre que cette chose que vous appelez «Je» n'est peut-être qu'un conglomérat de vos expériences passées, de votre conditionnement et de votre programmation.

Le processus est douloureux. En fait, le commencement du réveil est accompagné d'une grande souffrance. Assister à la mise en pièces de ses illusions est douloureux. Tout ce que vous pensez avoir construit s'écroule et c'est très pénible. C'est de cela qu'il est question quand on se repent; c'est de cela qu'il est question quand on se réveille. Alors pourquoi ne pas prendre une minute, là tout de suite, pour prendre conscience, tandis que que je vous parle, de votre état émotionnel, de ce que ressent votre corps, de ce qui se passe dans votre esprit? Pourquoi ne pas prendre conscience, les yeux bien ouverts, de ce tableau qui se trouve devant vous, de la couleur de ces murs et du matériau qui a servi à les construire? Pourquoi ne pas prendre conscience de mon visage et de ce que vous ressentez lorsque vous le regardez? Car vous ressentez quelque chose, que vous en soyez conscient ou non. Et cette sensation ne vous appartient probablement pas en propre, car elle découle du conditionnement auquel vous avez été soumis. Pourquoi ne pas prendre conscience de quelques-unes de ces choses dont je viens de vous parler, même s'il s'agit, pour l'instant, beaucoup plus de mémoire que de véritable conscience.

Prenez conscience de votre présence dans cette pièce. Dites-vous: Je suis dans cette pièce. Comme si vous vous trouviez à l'extérieur de vous-même et que vous vous observiez de cette position. Vous remarquerez que vous ressentez un sentiment différent de celui éprouvé en observant les choses qui vous entourent. Puis demandez-vous: Qui est cette personne qui regarde? Je me regarde. Qui est «je»? Qui est «moi»? Pour l'instant, vous regarder suffit, mais si vous vous surprenez à vous condamner ou à vous approuver, ne faites rien pour supprimer cette condamnation, ne faites rien pour supprimer cette approbation ou cette désapprobation. Contentez-vous de vous regarder. Je me condamne. Je me désapprouve. Je m'approuve. Contentez-vous de regarder, point final. N'essayez pas de faire autre chose. Ne dites pas: «Oh, on m'a dit de ne pas faire ça!» Contentez-vous d'observer ce qui se passe. Comme je vous l'ai dit, s'observer signifie *regarder* — observer tout ce qui se passe en vous et autour de vous, comme si ces choses arrivaient à quelqu'un d'autre.

Découvrir le «je»

Puis-je vous suggérer un autre exercice? Décrivez-vous brièvement sur un bout de papier — par exemple: homme d'affaires, prêtre, être humain, catholique, juif... Très bien.

Je relève, dans ce que vous avez écrit, les mots suivants: imaginatif, compétent, vivant, impatient, égocentrique, accommodant, diplomate, trop analytique; membre du genre humain, amant, pèlerin curieux... Ces définitions découlent, me semble-t-il, de l'observation de soi. Comme si vous regardiez une autre personne.

Mais remarquez que c'est «je» qui a observé «moi». Nous nous trouvons là devant un phénomène qui n'a jamais cessé d'étonner philosophes, mystiques, scientifiques, psychologues: le «je» observant le «moi». Il semble que les animaux ne soient pas capables de se livrer à ce genre d'observation. Il semble qu'une certaine intelligence soit nécessaire pour cet exercice. Ce que je vais vous dire à présent n'est pas du domaine de la métaphysique ou de la philosophie. C'est une réflexion qui ne découle que de l'observation et du bon sens. Les grands mystiques orientaux se réfèrent au «je», pas au «moi». En fait, ces mystiques nous expliquent que nous commençons d'abord avec les choses, avec la conscience que nous avons de l'existence des choses, puis que nous glissons vers la conscience des pensées (c'est là qu'intervient le «moi»), pour acquérir finalement la conscience du penseur. Choses, pensées, penseur. Ce que nous recherchons réellement est le penseur. Le penseur peut-il se connaître? Puis-je connaître ce qu'est ce «je»? Des mystiques répondent à cela: «Le couteau peut-il couper par lui-même? La dent peut-elle mordre par elle-même? Le «je» peut-il se connaître lui-même?» Mais ce qui me préoccupe pour l'instant est d'un ordre infiniment plus pratique et consiste à comprendre ce que le «je» *n'est pas*. Je vais procéder aussi lentement que possible car les conséquences de cette connaissance sont dévastatrices. Extraordinaires ou extraordinairement terrifiantes, tout dépend du point de vue.

Commençons par ceci: suis-je mes pensées, suis-je les pensées qui sont dans ma tête? Non. Les pensées apparaissent et disparaissent; je ne suis pas mes pensées. Suis-je mon corps? On nous dit que des millions de cellules se transforment ou se renouvellent constamment dans notre organisme, et que sept années suffisent à les changer entièrement. Nous n'avons plus, à l'issue de ce processus de changement, une seule cellule qui ait été présente dans notre corps sept ans plus tôt. Les cellules apparaissent et disparaissent. Les cellules naissent et meurent. Mais il semble que «je» survive. Suis-je mon corps? Non.

«Je» est à la fois différent et plus important que le corps. On pourrait dire que le corps est une partie de ce «je», une partie qui change. Il ne cesse de bouger, de se transformer. Nous avons toujours le même mot pour le nommer mais il ne cesse de changer. Comme nous avons le même mot pour nommer les chutes du Niagara, constituées par des eaux qui ne cessent de bouger. Nous utilisons le même mot pour une réalité essentiellement changeante.

Qu'en est-il de mon nom? «Je» est-il mon nom? Non, car je puis changer mon nom sans changer le «je». Qu'en est-il de ma carrière? Qu'en est-il de mes croyances? Je me dis catholique, ou juif — cette croyance est-elle une part essentielle du «je»? Lorsque je change de religion, le «je» change-t-il? Est-ce que je reçois un autre «je» ou est-ce le même «je» qui change? En d'autres mots, mon nom est-il une partie essentielle de mon être, de mon «je»? Ma religion est-elle une partie essentielle de ce «je»? Vous vous rappelez cette petite fille qui demande au garçon s'il est presbytérien? J'ai une autre histoire pour illustrer ceci. Paddy se promène dans une rue à Belfast. Tout à coup, il sent le canon d'un fusil contre sa nuque et une voix lui dit: «Es-tu catholique ou protestant?» Paddy a tout intérêt à penser vite! Il répond: «Je suis juif.» Alors la voix déclare: «Je suis vraiment l'arabe le plus chanceux de Belfast!»

Nous accordons une telle importance aux étiquettes! «Je suis républicain», dites-vous. Mais l'êtes-vous vraiment? Acquiert-on un nouveau «je» parce qu'on change d'idéologie? Ne gardons-nous pas le même vieux «je» lorsque nous adoptons de nouvelles convictions politiques ou religieuses? Je me souviens d'un homme qui avait demandé à un ami: «As-tu l'intention de voter républicain?» À quoi l'ami avait répondu: «Non, je vais voter démocrate. Mon père et mon grand-père étaient démocrates.

— Ça n'a pas de sens, s'était exclamé son interlocuteur. Alors, si ton père et ton grand-père avaient été des voleurs de chevaux, qu'aurais-tu été?

— J'aurais été républicain.»

Nous passons la majeure partie de notre vie à nous préoccuper des étiquettes, les nôtres et celles des autres. Nous identifions ces étiquettes avec le «je». «Catholique» et «protestant» sont deux étiquettes très courantes. Un homme va voir un prêtre et lui dit: «Père, j'aimerais que vous disiez une messe pour mon chien.» Le prêtre est indigné. «Une messe pour votre chien, vous plaisantez?

— Ce chien était mon compagnon, explique l'homme. Je l'aimais et je voudrais que vous disiez une messe pour lui.

— On ne dit pas de messes pour les chiens ici. Vous devriez essayer la confrérie qui se trouve au bas de la rue. Demandez-leur si on y donne des services de ce genre.» L'homme, avant de quitter le prêtre, lui dit: «C'est dommage. J'aimais vraiment ce chien. J'étais prêt à faire une donation d'un million de dollars pour cette messe.

— Attendez, attendez, dit le prêtre, vous ne m'aviez pas dit que ce chien était catholique.»

Lorsqu'on est obsédé par les étiquettes, quelle valeur ont celles-ci lorsqu'on tient compte de l'existence du «je»? Pourrions-nous dire que «je» ne fait pas partie de ces étiquettes que nous lui attachons? Les étiquettes appartiennent au «moi». Ce qui change constamment, c'est le «moi». Le «je» change-t-il jamais? L'observateur change-t-il jamais? Le fait est que, quelles que soient les étiquettes, (excepté peut-être celle d'être humain) il faut appliquer celles-ci au «moi». «Je» ne fais pas partie de ce à quoi on peut les appliquer. Ainsi, lorsque vous vous détachez de vous-même pour observer «moi», vous cessez de vous identifier avec ce «moi». La souffrance existe en «moi», autrement dit c'est quand vous identifiez «je» avec «moi» que commence la souffrance.

Supposons que vous ayez peur, ou que vous ressentiez un désir, ou que vous soyez angoissé. Lorsque «je» *ne s'identifie pas* avec l'argent, ou avec le nom, ou avec la nationalité, ou avec des personnes, ou avec des amis, ou avec une qualité quelconque, il n'est jamais mis en péril. Même s'il est très agissant, il n'est jamais mis en péril. Pensez à ces choses qui vous ont causé ou qui vous causent des souffrances, des soucis ou de l'angoisse. En premier lieu, êtes-vous capable de déceler le désir sous cette souffrance? Vous ne souffririez pas si vous ne désiriez pas vivement quelque chose. De quoi est fait ce désir? En second lieu, il ne s'agit pas simplement d'un désir, mais d'une *identification*. Quelque chose vous dit: Le bien-être de «je» — et peut-être son existence — est lié à ce désir. Toutes les souffrances sont causées par une identification à quelque chose, que ce quelque chose soit à l'intérieur ou à l'extérieur de l'être.

Les sentiments négatifs envers les autres

Au cours de l'une de mes causeries, un des membres de l'auditoire fit la déclaration suivante: «Il m'est arrivé une chose merveilleuse que j'aimerais partager avec vous. J'étais allé au cinéma et il fallait que je retourne au bureau où j'avais de gros problèmes avec trois personnes. Alors je me suis dit: Très bien, comme me l'a appris ce film que je viens de voir, je vais observer tout cela de l'extérieur. Pendant plusieurs heures, je suis entré en contact avec mes émotions, et j'ai compris à quel point mes sentiments vis-à-vis de ces trois personnes étaient négatifs. Je me suis dit: Je hais réellement ces gens. Puis: Jésus, que puis-je faire contre cela? Un peu plus tard, je me suis mis à pleurer, parce que je me disais que Jésus était mort pour des gens qui ne pouvaient pas être différents de ce qu'ils étaient. Alors, cet après-midi-là, je suis allé au bureau et j'ai parlé aux personnes en question. Je leur ai exposé mon problème et elles m'ont écouté. Et je me suis rendu compte que je n'étais plus furieux contre elles et que ma haine avait disparu.»

Chaque fois que vous ressentez un sentiment négatif envers quelqu'un, vous vivez dans l'illusion. Ce qui vous arrive est inquiétant. Vous ne voyez plus la réalité. Quelque chose à l'intérieur de vous doit changer. Mais que nous disons-nous de ceux envers lesquels nous éprouvons un sentiment négatif? Il a tort; elle a tort. Il ou elle doit changer. Non! Le monde est très bien. Celui ou celle qui doit changer, c'est *vous*.

L'un de vous m'a parlé de son travail dans une institution. Au cours des réunions de personnel, il semble qu'il y ait invariablement quelqu'un qui dise: «La nourriture est infecte ici.» Et la diététicienne est mise sur la sellette. Comme elle s'est identifiée à la nourriture, elle pense que c'est elle qui est attaquée.

«Je me sens menacée.» Mais «je» n'est jamais menacé; c'est «moi» qui est menacé.

Supposons que vous soyez témoin d'une véritable injustice, une injustice qui, considérée avec objectivité, est absolument évidente. La réaction appropriée ne serait-elle pas de vous dire que cette injustice ne devrait pas exister? Mais désirez-vous vous engager dans la correction de cette situation injuste? Disons, par exemple, que vous soyez le témoin d'une violence sur un enfant. Que dire de cela? J'espère que vous ne croyez pas que je vous déconseille de faire quelque chose. Ce que je veux dire, c'est que vous seriez *beaucoup plus* efficace si vous ne ressentiez aucun sentiment négatif.

Lorsque les sentiments négatifs s'installent en vous, vous devenez aveugle. «Moi» entre dans l'image, et tout est gâché. Vous aviez déjà un problème, et voici qu'un deuxième s'installe. Il y a des gens qui prétendent, à tort, que les êtres qui ne ressentent pas de sentiments négatifs comme la colère, le ressentiment ou la haine sont incapables de corriger une situation. C'est faux! Il n'est pas nécessaire d'être atteint émotionnellement pour se jeter dans l'action. L'absence d'émotion permet au contraire d'être très disponible envers les choses et envers l'entourage. C'est ce qu'on pourrait appeler le moi conditionné qui tue la disponibilité: lorsque vous vous identifiez trop avec «moi», celui-ci finit par prendre trop de place et il vous empêche de voir les choses avec objectivité, avec détachement. Cette objectivité est très importante lorsque vous vous jetez dans l'action, car elle vous permet de voir les choses avec détachement. Mais les émotions négatives se mettent parfois en travers.

Comment pourrions-nous appeler cette forme de passion qui motive et active notre énergie, nous permettant ainsi de lutter contre des maux objectifs? Quel que soit son nom, elle n'est pas réaction, mais *action*.

Certains d'entre vous se demandent s'il existe un champ neutre avant qu'un sentiment quelconque ne se transforme en attachement, avant que l'identification ne s'installe. Supposons qu'un de vos amis meure. Il semble très humain et très normal de ressentir de la douleur devant la mort d'un ami. Mais de quoi est exactement faite cette réaction? De pitié envers vous-même? Que pleurez-vous? Pensez-y bien. Ce que je vous dis peut sembler choquant, mais je vous ai prévenu, nous entrons dans un monde nouveau. Votre réaction découle d'une perte *personnelle*, n'est-ce pas? Vous vous sentez triste pour «moi», ou pour d'autres personnes auxquelles votre ami a apporté de la joie. Cela signifie que vous vous sentez triste pour des gens qui se sentent tristes pour eux-mêmes. S'ils ne se sentaient pas tristes envers eux-mêmes, pourquoi se sentiraient-ils tristes? Nous ne ressentons pas de souffrance lorsque nous perdons une chose ou un être auxquels nous avons permis d'être libres, une chose ou un être que nous n'avons jamais essayé de posséder. Ma souffrance veut dire que mon bonheur dépend de cette chose ou de cette personne, au moins relativement. Nous avons une telle habitude de vivre ainsi qu'un discours opposé nous semble inhumain.

La dépendance

C'est ce que les mystiques nous répètent depuis des temps immémoriaux. Je ne dis pas que «moi», le moi conditionné, ne retombera pas parfois dans ses modèles habituels. Après tout, nous avons été conditionnés pour qu'il en soit ainsi. La question qui se pose est de savoir s'il est concevable de vivre une vie dans laquelle nous serions seuls au point de ne plus dépendre de personne.

Nous dépendons les uns des autres dans plusieurs domaines, n'est-ce pas? Nous dépendons du boucher, du boulanger, du fabricant de chandelles. Interdépendance. C'est parfait! La société est ainsi faite et différentes fonctions sont attribuées à des personnes dans l'intérêt collectif. Nous sommes alors en mesure de fonctionner plus efficacement et de vivre mieux — du moins nous l'espérons. Mais que veut dire dépendre psychologiquement — ou émotionnellement — de quelqu'un d'autre? Cela veut dire que l'on dépend d'un autre être humain pour être heureux. ou malheureux

Pensez-y bien. Parce que si vous dépendez de quelqu'un d'autre, ce qui vous pend au nez, — que cela vous arrive inconsciemment ou non — c'est que vous n'allez pas tarder à exiger de cet autre qu'il vous apporte le bonheur. Puis il y aura une autre étape: la peur, la peur de perdre, la peur d'être repoussé, la peur d'être rejeté, et un contrôle mutuel. L'amour authentique chasse la peur. Lorsqu'il y a amour authentique, il n'y a ni exigences, ni attentes, ni dépendance. Je n'exige pas que vous me rendiez heureux, car ce n'est pas en vous que mon bonheur repose. Si vous me quittiez, je ne me sentirais pas triste: j'aime énormément votre compagnie, mais je ne m'y accroche pas.

Je jouis de cette compagnie sur une base libérée de tous liens. Ce dont je jouis vraiment n'est pas vous, c'est quelque chose qui vous dépasse et me dépasse. C'est une chose que j'ai découverte, une sorte d'orchestre qui joue une mélodie en votre présence, mais qui ne s'arrêtera pas de jouer si vous partez. Lorsque je rencontre quelqu'un d'autre, l'orchestre joue une autre mélodie, tout aussi délicieuse. Et il continue à jouer lorsque je suis seul. Son répertoire est immense. Il ne s'arrête jamais de jouer.

C'est de cela qu'est fait le réveil. C'est également pour cela que nous sommes en état d'hypnose, que nous sommes endormis, que nous avons le cerveau lavé. Cela peut sembler terrible, mais peut-on dire que vous m'aimez lorsque vous vous accrochez à moi et m'empêchez de partir? Lorsque vous m'empêchez d'être? Peut-on dire que vous m'aimez lorsque vous avez besoin de moi psychologiquement ou émotionnellement pour être heureux? Tout cela est en contradiction avec l'enseignement universel de toutes les Écritures, de toutes les religions, de toutes les mystiques. Comment se fait-il que ces choses échappent depuis si longtemps à notre entendement? C'est une question que je ne cesse de me poser. Comment ne nous sommes-nous pas rendu compte de cela?

Lorsqu'on lit toutes ces choses radicales dans les Écritures, on finit par se demander: cet homme est-il fou? Mais après un certain temps on commence à comprendre que tout le monde est fou. «Si vous ne haïssez père et mère, frères et sœurs, si vous ne renoncez à toutes vos possessions, vous ne pouvez être mon disciple.» Il faut tout abandonner. Il ne s'agit pas de renonciation physique, comprenez-le bien. Ce genre de renonciation est facile. Il s'agit d'illusions. Lorsque les illusions tombent, on est en contact avec la réalité et, croyez-moi, on n'est plus jamais seul, plus jamais. La solitude n'est pas guérie par la compagnie humaine. Elle est guérie par le contact avec la réalité. J'ai une foule de choses à dire sur ce sujet. Contact avec la réalité, abandon des illusions, contact avec le réel. Tout cela n'a pas de nom. On ne peut savoir ce que c'est que lorsqu'on laisse tomber ce qui n'est pas réel. On ne peut connaître la solitude que lorsqu'on cesse de s'accrocher, lorsqu'on abandonne sa dépendance. Mais le premier pas consiste à la considérer comme désirable. Si vous n'y parvenez pas, comment pourriez-vous l'aborder?

Pensez à la solitude qui est la vôtre. Une quelconque compagnie humaine pourra-t-elle jamais la combler? Cette compagnie pourra tout au plus servir à vous en distraire. Il y a en vous un vide, n'est-ce pas? Et lorsque le vide fait surface, que faites-vous? Vous fuyez, vous ouvrez la télévision, ou la radio, vous prenez un livre, vous allez voir des amis, vous essayez de vous amuser, de vous distraire. Tout le monde fait la même chose. On fait de grosses affaires avec cela de nos jours; il existe toute une industrie destinée à amuser et à distraire.

Comment survient le bonheur

Revenez à vous-même. Observez-vous. Je vous ai dit que l'observation de soi était une occupation extraordinaire et délicieuse. C'est une pratique qui demandera, au fur et à mesure que vous vous y livrerez, de moins en moins d'effort. Pourquoi? Parce que lorsque les illusions commenceront à tomber, vous connaîtrez alors un état qui ne peut être décrit: le bonheur. Tout changera et vous ne pourrez plus vous passer de la conscience.

Un disciple se rend auprès de son maître et lui dit: «Pouvez-vous me donner une parole de sagesse? Pouvez-vous m'offrir une chose qui va m'aider à traverser l'existence?» Comme c'est le jour de silence du maître, ce dernier écrit sur un carnet: Conscience. Après avoir lu ce mot, le disciple dit à son maître: «C'est trop bref. Pouvez-vous élaborer un peu?» Alors le maître reprend le carnet et écrit: Conscience, conscience, conscience. «Que voulez-vous dire», demande le disciple. Alors le maître reprend une dernière fois le carnet et écrit: Conscience, conscience, conscience signifie conscience.

C'est en cela que consiste l'observation de soi.

Personne ne peut vous apprendre comment la pratiquer, ce serait vous donner là une technique, ce serait vous programmer. Regardez-vous. Lorsque vous parlez à quelqu'un, avez-vous conscience de vos paroles ou vous identifiez-vous simplement avec ces paroles? Lorsque vous vous êtes mis en colère contre cette personne, aviez-vous conscience de cette colère ou vous identifiez-vous simplement avec elle? Plus tard, lorsque vous avez eu le loisir de repenser à cela, avez-vous analysé cette expérience et essayé de la comprendre? D'où venait-elle? Qu'est-ce qui l'avait fait naître? Je ne connais pas d'autres moyens d'arriver à la conscience. On ne peut changer que ce que l'on comprend. Ce que l'on ne comprend pas, ce dont on n'a pas conscience est réprimé. On ne peut le changer. Mais lorsqu'on comprend, on est en mesure de le faire.

On me demande parfois ceci: «Cette plongée dans la conscience est-elle progressive, ou bien arrive-t-elle tout d'un coup?» Il y a des gens chanceux qui l'acquièrent soudainement. Ils deviennent conscients, comme ça, sans lever le petit doigt. Et il y en a d'autres qui le deviennent petit à petit, lentement. Ils commencent tout doucement à voir des choses. Leurs illusions tombent, leurs fantasmes s'effritent, et ils entrent progressivement en contact avec les faits. Il n'y a pas de règle. Cela me rappelle une histoire bien connue, celle du lion qui arrive devant un troupeau de moutons et qui, à son grand étonnement, aperçoit un lion parmi ces animaux domestiques. Il s'agit d'un lion qui a été élevé avec les moutons. Il bêle et saute comme un mouton.

Lorsque le lion arrive devant lui, le mouton-lion se met à trembler de tous ses membres. Et le lion lui dit: «Peux-tu me dire ce que tu fais parmi ces moutons?

— Je *suis* un mouton, répond le mouton-lion.

— Oh non, tu n'es pas un mouton. Viens avec moi.» Alors le lion emmène le mouton-lion vers un étang et lui dit: «Regarde!» Lorsque le mouton-lion voit son image dans l'eau, il pousse un grand rugissement et se transforme aussitôt en lion. Jamais plus il ne sera un mouton.

Si vous avez de la chance, si les dieux vous sont favorables, si vous avez la grâce divine (toutes les expressions théologiques sont bonnes), vous comprendrez soudainement qui est «je» et vous ne serez plus jamais le même, plus jamais. Rien ni personne ne sera plus jamais en mesure de vous atteindre et personne ne pourra plus jamais vous blesser.

Vous ne craindrez plus rien ni personne. N'est-ce pas surprenant? Vous vivrez comme un roi, comme une reine. C'est ce que l'on entend par vivre royalement. Il ne s'agit nullement de niaiseries comme avoir sa photo dans le journal ou posséder de grandes richesses. Tout cela est pourriture. Vous ne craindrez plus personne parce que vous serez parfaitement heureux de n'être personne. Vous vous moquerez royalement de la réussite ou de l'échec. Ils ne signifient rien. Les honneurs, la disgrâce ne signifient rien. Et s'il vous arrive de vous conduire comme un idiot, cela ne signifiera rien non plus. N'est-ce pas là un merveilleux état d'esprit! Certaines personnes y arrivent péniblement, pas à pas; cela peut prendre un certain temps. Mais je puis vous affirmer ceci: je ne connais personne qui ait pris le temps de s'engager dans un processus de prise de conscience qui n'ait vu une différence dans sa vie après quelques semaines. La qualité de la vie change, il n'est donc plus nécessaire de vivre dans l'espoir qu'elle va changer. On voit ce changement; on est soi-même différent. On réagit différemment. En fait, on réagit moins et on agit beaucoup plus. On voit des choses que l'on n'avait jamais vues auparavant.

On est plus énergique, plus vivant. Les gens croient que s'ils n'avaient pas de besoins, ils seraient comme du bois mort. Alors qu'il est question de se débarrasser de ses tensions. Débarrassez-vous de votre hantise de l'échec, de ce besoin maladif de réussir, et vous deviendrez vous-même. Détendu. Vous ne conduirez plus avec le pied sur le frein.

Tranxu, un sage chinois, a dit ceci, que j'ai pris la peine d'apprendre par cœur: «Lorsque l'archer tire sans aucune intention de gagner, il est en possession de tous ses moyens; lorsqu'il tire pour gagner une boucle de cuivre, il est nerveux; lorsqu'il tire pour gagner un objet en or, il est aveugle, voit deux cibles, et perd l'esprit. Son talent est toujours le même, mais la perspective des prix à gagner le neutralise. Il pense beaucoup plus à la récompense qu'au tir; le besoin de gagner lui ôte son pouvoir.» N'est-ce pas là une bonne image de ce que sont la plupart des gens? Lorsqu'on vit dans la gratuité, on a tous les talents, toutes les énergies, on est détendu, on ne craint rien, on se moque de perdre ou de gagner.

Voilà donc une façon *humaine* de vivre. C'est de cela qu'est faite la vie. Mais vous n'y arriverez que grâce à la conscience. Et ainsi vous comprendrez que l'honneur ne signifie rien. L'honneur n'est qu'une convention sociale. Les mystiques et les prophètes ne s'en souciaient pas le moins du monde. L'honneur et la disgrâce ne signifiaient rien pour eux. Ils vivaient dans un autre monde, dans le monde de la conscience. «Je suis un âne, tu es un âne, alors où est le problème?» Ils savaient ce que ces mots voulaient dire.

Quelqu'un m'a dit un jour: «Les trois choses les plus difficiles à accomplir pour un être humain ne sont pas de l'ordre de la prouesse physique ou intellectuelle. La première est de transformer la haine en amour; la deuxième d'inclure les exclus; la troisième d'admettre ses torts.» Ce sont pourtant les choses les plus faciles à accomplir lorsqu'on ne s'est pas identifié avec «moi». Vous pouvez alors dire: «J'ai tort! Si vous me connaissiez mieux, vous sauriez que je me trompe souvent. Qu'espériez-vous d'autre d'un âne?» Si je ne me suis pas identifié avec ces aspects de «moi», vous ne pouvez pas me blesser. Au début, le vieux conditionnement frappera à la porte et vous vous sentirez déprimé, angoissé. Vous aurez de la peine, vous pleurerez, vous vous désolerez. «Avant l'illumination, j'étais déprimé; après l'illumination, je suis toujours déprimé.» Mais il y a une différence: je ne m'identifie plus avec cette dépression. Comprenez-vous l'énorme différence qu'il y a entre ces deux états?

Vous sautez hors de vous-même, vous regardez

cette dépression et vous ne vous identifiez pas avec elle. Vous ne faites rien pour qu'elle disparaisse; vous continuez tout simplement à vivre tandis qu'elle se dissipe et disparaît. Si vous ne savez pas ce que cela signifie, vous avez vraiment quelque chose à espérer. Et l'angoisse? Elle se présente et vous n'êtes pas touché. N'est-ce pas étrange? Vous êtes angoissé mais cela ne vous touche pas.

N'est-ce pas paradoxal? Vous permettez à ces nuages de s'amonceler, parce que vous savez que plus vous lutterez contre eux, plus vous leur donnerez du pouvoir. Vous voulez les observer tandis qu'ils passent. Vous pouvez être heureux dans votre angoisse. N'est-ce pas incroyable? Vous pouvez être heureux dans votre dépression. Mais vous ne pouvez avoir la version fausse du bonheur. Vous pensiez que le bonheur signifiait exaltation et sensations agréables? C'est cela qui cause la dépression. Ne vous a-t-on jamais dit cela? Vous éprouvez des sensations agréables, d'accord, mais vous êtes en train de préparer, en même temps, votre prochaine dépression. Vous êtes sous le charme de sensations agréables mais vous n'en recueillez que de l'angoisse, car vous vous dites: comment faire pour que cela dure? Ce n'est pas du bonheur, c'est de la dépendance.

Je me demande combien d'individus indépendants lisent ce livre. Si vous faites partie du groupe standard, il y en a peu parmi vous. Ne regardez pas de haut les alcooliques et les drogués: vous êtes probablement aussi dépendant qu'eux. La première fois que j'ai jeté un regard dans ce nouveau monde dont je vous parle, j'ai trouvé cela terrifiant. J'ai compris ce que signifiait être seul, sans endroit où reposer la tête, avec la nécessité de se libérer soi-même et de laisser la liberté aux autres, tout cela en n'étant cher à personne et en aimant tout le monde — parce que c'est cela l'amour. L'amour éclaire les bons comme les méchants; il fait tomber la pluie sur les saints comme sur les pécheurs.

La rose peut-elle dire: «Je vais offrir mon parfum à toutes les bonnes personnes qui vont me respirer et en priver les mauvaises»? La lampe peut-elle dire: «Je vais répandre ma lumière sur les bons et en priver les méchants»? Un arbre peut-il dire: «Je vais faire de l'ombre aux gentilles personnes qui se couchent à mes pieds et en priver les méchantes»? Ces images montrent bien ce qu'est l'amour.

L'amour a toujours été là, les yeux fixés sur nous par le biais des Écritures, et pourtant nous ne nous sommes jamais souciés de le regarder parce que nous sommes noyés dans ce que notre culture appelle l'amour, avec ses chansonnettes et ses poésies — il ne s'agit pas là d'amour, il s'agit de l'opposé de l'amour. Il s'agit de désir, de prise de contrôle et de possession. Il s'agit de manipulation, de peur, d'angoisse — pas d'amour. On nous a dit que le bonheur réside dans un teint frais, dans un lieu de vacances. Il n'en est rien, mais nous avons des moyens très subtils de faire dépendre notre bonheur de choses extérieures, que ce soit en nous ou en dehors de nous. Nous disons: «Je refuse d'être heureux tant que ma névrose ne sera pas terminée.» J'ai une bonne nouvelle pour vous: vous pouvez être heureux *avec* votre névrose. Vous voulez une meilleure nouvelle encore? Il n'y a qu'une seule raison pour laquelle vous ne connaissez pas ce que nous nommons en Inde *anand*, c'est-à-dire la béatitude. La seule raison pour laquelle vous ne connaissez pas en ce moment la béatitude, c'est que vous pensez à ce que vous n'avez pas, vous vous concentrez sur ce que vous n'avez pas. Si vous perdiez cette manie, vous connaîtriez la béatitude. Mais vous vous concentrez sur ce que vous n'avez pas. Et pourtant vous avez, en ce moment même, tout ce qu'il faut pour connaître la béatitude.

Jésus tenait un langage plein de bon sens aux malades, aux affamés et aux pauvres. Il leur apportait la bonne nouvelle. Elle est maintenant vôtre. Mais qui écoute? Personne n'est intéressé, vous préférez dormir.

La peur: racine de la violence

Certaines personnes disent qu'il n'y a que deux choses au monde: Dieu et la peur, c'est-à-dire l'amour et la peur. Le seul mal en ce monde est la peur. Le seul bien en ce monde est l'amour. Il porte parfois un autre nom. Il arrive qu'il s'appelle bonheur, ou liberté, ou paix, ou joie, ou Dieu, la dénomination importe peu. Et il n'y a pas un seul mal en ce monde qui ne puisse être assimilé à la peur. Pas un seul.

L'ignorance et la peur, l'ignorance causée par la peur, c'est de là que viennent tous les maux, c'est de là que vient la violence. Le seul être authentiquement non violent, le seul être incapable de violence est celui qui ne connaît pas la peur. La colère n'est générée que par la peur. Pensez à votre dernier accès de colère. Pensez-y bien et cherchez la peur sous cette colère. Qu'aviez-vous peur de perdre? Qu'aviez-vous peur que l'on vous prenne? C'est de là que vient la colère. Pensez à une personne en colère, une personne dont vous avez peut-être peur. Pouvez-vous voir à quel point elle est effrayée? Elle est réellement effrayée, sinon elle ne serait pas en colère. Il n'y a que deux choses au monde, l'amour et la peur.

Il m'arrivera, au cours de cet ouvrage, de laisser certains discours ébauchés et de passer à d'autres thèmes avant de revenir aux premiers, encore et encore, parce que c'est le meilleur moyen de vous faire comprendre mes paroles. Si elles ne vous touchent pas la première fois, elles le feront la seconde, et ce qui ne touchera pas une personne en touchera peut-être une autre. J'ai plusieurs thèmes à développer, mais ils concernent tous le même sujet. Appelons ce dernier conscience, appelons-le amour, appelons-le spiritualité... Cela revient au même.

La conscience et le contact avec la réalité

Observez ce qui se passe en vous et à l'extérieur de vous, observez ce qui vous arrive, voyez ces faits, ces événements comme s'ils arrivaient à quelqu'un d'autre, sans faire de commentaires, sans porter de jugement, sans adopter d'attitude, sans essayer d'y apporter un changement. Efforcez-vous de comprendre. Tandis que vous vous livrerez à cet exercice, vous vous apercevrez que vous vous désidentifiez petit à petit de votre «moi». Sainte Thérèse d'Avila a dit que vers la fin de sa vie Dieu lui avait apporté une grâce extraordinaire. Elle n'utilise pas le mot désidentification, bien sûr, mais ce qui lui est arrivé se résume à cela. Je ne suis pas vraiment attristé lorsqu'une personne que je ne connais pas contracte un cancer. Bien sûr, si je suis charitable et sensible, je lui apporterai mon réconfort, mais je ne serai pas atteint pour autant dans mes émotions. Si *vous* avez un examen à passer, cela ne m'affectera pas. Je réagirai avec philosophie et je dirai: «Plus vous vous tracasserez à ce sujet, plus l'épreuve sera dure. Pourquoi ne pas prendre un petit repos au lieu d'étudier?» Mais quand ce sera mon tour de passer un examen, les choses seront tout à fait différentes, n'est-ce pas? Pourquoi? Parce que je m'identifie avec «moi» — avec ma famille, avec mon pays, avec mes possessions, avec mon corps, avec moi. Comment me sentirais-je si Dieu me faisait la grâce de me faire oublier que ces choses sont miennes? Je serais détaché, je serais désidentifié. C'est en cela que consiste la perte du moi, la négation du moi, la mort du moi.

La bonne religion: l'antithèse de l'inconscience

Lors d'une conférence, une personne m'a demandé: «Que pensez-vous de Notre-Dame de Fatima?» Et vous, qu'en pensez-vous? Lorsqu'on me pose de telles questions, je me rappelle invariablement le voyage en avion de la statue de Notre-Dame de Fatima, alors que cette dernière était acheminée sur un lieu de pèlerinage. Tandis que l'avion survolait le Sud de la France, il a commencé à osciller, à trembler de telle sorte que les passagers croyaient qu'il allait éclater dans les airs. Et soudain, la miraculeuse statue a crié: «Notre-Dame de Lourdes, priez pour nous!» Et les turbulences se sont calmées. N'était-ce pas merveilleux, cette Notre-Dame venant en aide à une autre Notre-Dame?

Et que dire de ce groupe d'un millier de pèlerins venus à Mexico pour vénérer le sanctuaire de Notre-Dame de Guadalupe, qui firent une sorte de grève devant la statue pour protester contre une déclaration de l'évêque du diocèse faisant de Notre-Dame de Lourdes la patronne du diocèse. Ces gens étant convaincus que Notre-Dame de Guadalupe était extrêmement attristée par cette décision, ils avaient décidé de protester afin d'offrir à la Vierge *réparation* pour cette offense. C'est le genre de problèmes que l'on a avec la religion lorsqu'on n'est pas vigilants.

Lorsque je m'adresse à des Hindous, je leur dis: «Vos prêtres ne seront pas très satisfaits d'entendre ceci, mais Dieu serait plus heureux, du moins si l'on en croit la parole de Jésus Christ si, plutôt que d'adorer, vous vous transformiez. Il préférerait votre amour à votre adoration.» Et lorsque je m'adresse à des musulmans, je leur dis: «Votre ayatollah et vos mollahs n'aimeront certainement pas entendre ceci, mais Dieu serait beaucoup plus satisfait si, plutôt que de psalmodier "Allah, Allah!", vous vous transformiez en personne aimante. Il est infiniment important que vous vous réveilliez. C'est en cela que consiste la spiritualité. Quand on vit dans cette spiritualité, on vit avec Dieu. On adore dans l'esprit et dans la vérité.» Alors on devient tout amour, on est transformé en amour.

Le danger de la religion est très bien exprimé par une anecdote racontée par le cardinal Martini, archevêque de Milan. Cette histoire raconte un mariage en Italie. Le couple s'est arrangé avec le prêtre de la paroisse afin de donner une petite réception dans la cour du presbytère, non loin de l'église. Mais la réception ne peut avoir lieu dehors car il pleut. Alors les nouveaux mariés demandent au prêtre: «Pouvons-nous faire cette célébration à l'intérieur de l'église?» Comme le prêtre ne se montre pas très enthousiaste à l'idée de cette réception dans l'église, les mariés lui disent: «Nous allons servir un petit gâteau, chanter une petite chanson, boire un petit peu de vin, ensuite chacun va rentrer chez soi.» Le père finit par s'incliner. Mais les Italiens étant, comme chacun sait, de bons vivants, ils boivent un peu de vin, chantent une petite chanson, puis boivent un peu plus de vin, chantent d'autres chansons, et au bout d'une demi-heure la célébration bat son plein dans l'église. Tout le monde s'amuse, l'ambiance est à la fête, tandis que le prêtre, très tendu, va et vient nerveusement, très choqué par tout ce bruit. Un vicaire vient à lui et lui dit: «Je vois que vous êtes très tendu.

— Comment ne le serais-je pas? Écoutez ce bruit! Tout ce bruit dans la maison de Dieu, pour l'amour du ciel!

— Mais, père, ils n'avaient pas d'autre endroit où aller.

— Je sais cela. Mais faut-il vraiment qu'ils fassent tout ce tapage?

— Nous ne devons pas oublier, père, que Jésus a lui-même assisté à un mariage.

— Je sais que Jésus a assisté à un mariage, je sais, vous n'avez pas à me le rappeler! Mais ils n'avaient pas le Saint-Sacrement, à ce mariage!!!»

Il y a en effet des moments où le Saint-Sacrement devient plus important que Jésus Christ. Des moments où le culte devient plus important que l'amour, où l'église devient plus importante que la vie, où Dieu devient plus important que nos semblables. C'est là qu'est le danger. Selon moi, ce que Jésus Christ essayait de nous apprendre était de faire passer les choses importantes avant le reste. L'être humain est plus important que le sabbat. Faire ce que je vous dis de faire, vous transformer, est beaucoup plus important que Dieu. Mais votre mollah n'aimerait pas entendre ce genre de déclaration, je puis vous l'affirmer. Vos prêtres n'aimeraient pas du tout ce genre déclaration. Du moins la majorité d'entre eux. C'est pourtant de cela qu'il est question ici. De spiritualité. D'éveil. Comme je vous l'ai dit, il est extrêmement important, si vous voulez vous réveiller, de vous engager dans un processus d'observation de soi. De prendre conscience de ce que vous dites, de ce que vous faites, de ce que vous pensez, de ce que vous accomplissez. Être conscient de ce qui vous a fait agir jusqu'ici, de vos motivations. Une vie sans conscience ne vaut pas la peine d'être vécue.

La vie sans conscience est une vie machinale. Elle n'est pas humaine; elle est programmée, conditionnée. Nous pourrions tout aussi bien être des blocs de pierre ou de bois. Dans mon pays, il y a des centaines de milliers de gens qui vivent dans des petites masures, dans un dénuement total. Ils arrivent tout juste à survivre, travaillant à longueur de journée — un travail manuel très pénible — puis ils rentrent dans leur abri pour y dormir. Le lendemain, après un maigre repas, ils se lèvent et se remettent au travail, et ils continuent à vivre, jour après jour, cette pénible existence. Lorsqu'on pense à cela, on ne peut s'empêcher de se dire:

Quelle vie! Est-ce là tout ce que ces gens auront jamais de l'existence? Et on réalise alors que 99% de la population mondiale n'est pas mieux lotie. Alors que nous pouvons, nous, aller au cinéma, posséder une voiture, faire des croisières. Mais pensez-vous vraiment que vous vivez mieux que ces pauvres êtres? Vous êtes aussi mort qu'eux. Comme eux, vous vivez comme des machines. La vôtre est légèrement plus puissante, mais ce n'en est pas moins une machine. Quelle tristesse de penser que des êtres humains traversent ainsi la vie.

Les gens qui traversent la vie avec des idées fixes ne se transforment jamais. Ils sont tout simplement inconscients de ce qui se passe. Ils pourraient tout aussi bien être des blocs de pierre ou de bois, des machines qui parlent, marchent, pensent. Une telle existence n'a rien d'humain. Ils ne sont que des mannequins menés par les circonstances. Pressez un bouton et ils réagiront. Vous pouvez presque prédire de quelle manière ils réagiront. Lorsque j'étudie une personne, je peux dire comment elle va réagir. Il m'arrive, dans le cadre de mes groupes de thérapie, d'écrire sur un bout de papier le nom de celui ou de celle qui va commencer la séance, et les noms de ceux ou de celles qui vont intervenir. Vous n'êtes pas d'accord? N'écoutez jamais les gens qui vous disent: «Oubliez-vous! Aimez les autres.» Ne les écoutez pas. Ils ont tort. La pire des choses est de s'oublier soi-même lorsque l'on va vers les autres pour les aider.

C'est ce qui m'est apparu très clairement il y a de nombreuses années, lorsque je faisais mes études de psychologie à Chicago. Nous avions un cours de psychopédagogie. Celui-ci n'était accessible qu'aux prêtres qui avaient déjà pratiqué cette discipline. Ils étaient tenus d'apporter au cours l'enregistrement de l'une de leurs interviews. Nous étions environ une vingtaine. Lorsque vint mon tour, je vins en classe avec l'enregistrement d'une entrevue avec une jeune femme. Après cinq minutes d'écoute, le professeur arrêta la cassette, comme il avait coutume de le faire, pour demander aux élèves s'ils voulaient commenter ce qu'ils venaient d'entendre. L'un d'eux me demanda: «Pourquoi avez-vous posé cette question? — Je ne crois pas avoir posé de question, répondis-je. En fait, je suis quasiment sûr de n'avoir posé aucune question. — Vous vous trompez», affirma mon condisciple.

Si j'étais aussi sûr de ne pas avoir posé de questions, c'est parce que je travaillais à cette époque suivant la méthode de Carl Rogers, qui est non directive et orientée sur la personne. Elle consiste à ne pas poser de questions, à ne pas interrompre et à ne pas donner son avis. Dans mon esprit, il était évident que je n'avais pas posé de questions à la jeune femme. Quoi qu'il en soit, nous continuâmes, mon interlocuteur et moi, à nous contredire, jusqu'à ce que le professeur propose de repasser l'enregistrement. Ce que nous fîmes. Alors, à ma grande horreur, j'entendis *la* question. Elle était là, énorme, grosse comme l'Empire State Building. Et ce qui est étonnant, c'est que je l'avais entendue trois fois: la première quand je l'avais posée, la deuxième quand j'avais écouté l'enregistrement dans ma chambre (je voulais m'assurer que celui-ci était bon), et la troisième en même temps que mes condisciples. Et malgré cela, mon cerveau ne l'avait pas enregistrée. Je n'en avais aucune conscience!

Ce phénomène se produit fréquemment lors de mes consultations thérapeutiques ou dans le cadre de ma direction spirituelle. J'enregistre l'entretien que j'ai avec la personne qui me consulte et, lorsque nous écoutons l'enregistrement, il ou elle me dit: «Vous savez, je n'ai pas bien entendu ce que vous avez dit durant notre entretien. Je n'ai bien entendu notre conversation que lorsque j'ai écouté l'enregistrement.» Ce qui est plus intéressant encore, c'est que *moi non plus* je n'ai pas entendu ce que *j'ai* dit pendant l'interview. Et je suis très contrarié lorsque je me rends compte que je dis des choses sans en avoir conscience, surtout lors de consultations. Le sens de mes paroles ne m'apparaît pleinement que plus tard. Peut-on appeler cela un comportement *humain*? Oubliez-vous et observez les autres, dites-vous! Quoi qu'il en soit, après que nous ayons écouté en entier l'enregistrement de Chicago, le professeur demanda aux étudiants s'ils avaient d'autres commentaires. L'un des prêtres, un homme d'une cinquantaine d'années que j'aimais beaucoup, me dit: «Tony, j'aimerais vous poser une question personnelle. Vous permettez? — Allez-y, lui dis-je. De toute façon, je ne vous répondrai que si je le veux bien.» Alors il m'a demandé: «Est-ce que cette jeune femme était jolie?»

Franchement, je vous dirai que j'en étais à une

étape de mon développement où je ne voyais pas si les gens qui m'entouraient étaient agréables à regarder ou non. Cela ne m'intéressait pas. Cette jeune femme était une brebis du troupeau du Christ, et moi j'étais un berger. Mon rôle était de l'aider. N'était-ce pas extraordinaire? C'était de cette manière que nous étions formés. Alors j'ai répondu à mon ami prêtre: «Quel est le rapport avec ce que nous avons à faire?

— Vous ne l'aimez pas, n'est-ce pas?» a-t-il dit.

Il ne m'était jamais venu à l'esprit que je pouvais aimer ou détester un individu. Comme la plupart des gens, il m'arrivait d'avoir des sentiments négatifs que ma conscience enregistrait à mon insu, mais mon attitude était généralement neutre. Je demandai au prêtre: «Qu'est-ce qui vous fait dire cela?

— L'enregistrement», répondit-il. Alors nous avons réécouté la cassette et il m'a dit: «Écoutez votre voix. Avez-vous remarqué comme elle est devenue douce au cours de l'entretien? Vous étiez irrité, n'est-ce pas?» Oui, je l'étais, mais je ne m'en étais pas rendu compte. Et qu'ai-je dit à cette femme de manière soi-disant non directive? Je lui ai dit: «Ne revenez pas.» Mais je n'en ai pas eu conscience. Alors mon ami prêtre a ajouté: «C'est une femme. Elle a certainement compris. Quand devez-vous la revoir?

— Mercredi prochain.

— Je parie qu'elle ne viendra pas.» Il avait raison, elle ne vint pas. J'ai attendu la semaine suivante et elle n'est toujours pas venue. Alors je l'ai appelée. J'ai brisé une de mes règles: ne pas jouer les sauveurs.

Je l'ai donc appelée et je lui ai dit: «Vous vous rappelez cet enregistrement que vous m'avez autorisé à faire entendre à ma classe? Il m'a été d'une grande aide parce que les élèves m'ont fait remarquer une série de choses (je ne lui ai pas dit de quoi il s'agissait!) qui vont rendre la session beaucoup plus efficace. Et si vous revenez, elle pourrait être encore plus efficace.

— Très bien, je reviendrai», a-t-elle dit. Le sentiment négatif était toujours là. Il était toujours là, mais il ne me barrait plus le chemin. Lorsqu'on est conscient d'une chose, on peut prendre le contrôle sur cette chose. Lorsqu'on n'est pas conscient d'un sentiment, c'est lui qui a le contrôle sur vous. On est toujours l'esclave de ce dont on n'est pas conscient. C'est en prenant conscience d'un sentiment qu'on s'en libère. Il est toujours là, mais on n'est plus atteint par lui. On n'est plus sous son influence, on n'est plus son esclave. C'est là qu'est la différence.

Conscience, conscience, conscience. On nous a appris, dans ce cours, à être des observateurs actifs. Pour dire les choses d'une manière plus schématique, je dirai que tout en vous parlant, je vous observe et je m'observe de l'extérieur. Lorsque je vous écoute, il est infiniment plus important pour moi de m'écouter que de vous écouter. Bien sûr, il est important que je vous écoute, mais il est plus important que je m'écoute. Sinon je ne vous entendrais pas. Ou je déformerais vos paroles. Je vous écouterais en fonction de mon conditionnement. Je réagirais à vos paroles en fonction de mes doutes et de mes inquiétudes, de mon désir de vous manipuler, de mon envie de réussir, de mon irritation éventuelle et de sentiments dont je n'ai même pas conscience. Il est donc terriblement important que je m'écoute lorsque je vous écoute. On nous a appris, dans notre cours, à devenir conscient.

Il n'est pas nécessaire que vous vous imaginiez planant dans les airs. Pour avoir une idée élémentaire de ce dont je vous parle, imaginez un bon conducteur, au volant d'une voiture, se concentrant sur ce que vous lui dites. En fait, même si vous vous disputez, il est parfaitement conscient des signaux routiers. Qu'il arrive quoi que ce soit de fâcheux, un bruit inquiétant, un choc, il l'entendra. Alors il dira: «As-tu bien fermé le coffre?» Comment a-t-il entendu cela? Il était conscient, son esprit était en éveil. Son attention était concentrée sur votre conversation, ou sur votre dispute, mais sa conscience était diffuse. Il percevait tout ce qui se passait.

Ce que je préconise ici n'est pas la concentration. Ce n'est pas cela qui est important. Un grand nombre de techniques de méditation inculquent la concentration, mais je ne suis pas très partisan de cela. Elles sous-entendent la violence et, fréquemment, débouchent sur une programmation et un conditionnement. Ce que je préconise est la conscience, qui n'a rien à voir avec la concentration. La concentration est un projecteur. Lorsqu'il est allumé, vous voyez tout ce qui se présente dans le rayon de votre conscience. Vous pouvez être distrait de cette concentration, alors que lorsque vous utilisez votre conscience, vous ne l'êtes jamais. Lorsque la conscience est allumée, aucune distraction ne peut l'éteindre, parce que vous êtes toujours conscient de ce qui se passe.

Disons que je regarde ces arbres et que je suis contrarié. Suis-je distrait? Je ne suis distrait que si je veux me concentrer sur les arbres. Mais si je suis conscient de ma contrariété, il ne s'agit pas là de distraction. Contentez-vous d'être conscient de l'objet sur lequel se porte votre attention. Lorsque tout va de travers ou que quelque chose de fâcheux se produit, vous serez immédiatement en alerte. Vous saurez que quelque chose va mal! Au moment même où des sentiments négatifs entreront dans votre conscience, vous serez en alerte. Vous réagirez comme le conducteur de la voiture.

Je vous ai dit que sainte Thérèse d'Avila avait déclaré que Dieu lui avait fait la grâce de lui permettre de se désidentifier. On entend parfois des enfants parler de la sorte. Un enfant de deux ans dit: «Tommy a mangé son déjeuner ce matin.» Il ne dit pas «je». Il dit: Tommy — il utilise la troisième personne. Les mystiques font la même chose. Ils se désidentifient et vivent en paix.

C'est cela la grâce dont parlait sainte Thérèse d'Avila. C'est cet autre «je» que les maîtres mystiques orientaux pressent les êtres humains de découvrir. Les Occidentaux aussi, d'ailleurs! Et parmi eux maître Eckhart. Ils pressent les êtres humains de découvrir cet autre «je».

Les étiquettes

L'important n'est pas de savoir qui est «je» et ce en quoi il consiste. Vous n'y arriverez jamais. Il n'y a pas de mots pour le décrire. L'important est de laisser tomber les étiquettes. Les maîtres zen japonais disent: «Ne cherchez pas la vérité, contentez-vous de laisser tomber vos opinions.» Laissez tomber vos théories, ne cherchez pas la vérité. La vérité n'est pas une chose que l'on doit chercher. Lorsque vous cesserez d'avoir des opinions, vous saurez. Ce que je veux dire par «étiquette»? Toutes les étiquettes qu'il vous est possible de concevoir, sauf peut-être celle d'être humain. Je suis un être humain. On ne peut pas affirmer que cela veuille dire grand chose. Mais lorsque vous dites: «Je suis un être qui réussit», cela n'a pas de sens. Le succès ne fait pas partie du «je». Le succès est une chose qui va et vient; il peut être ici aujourd'hui et disparaître le lendemain. Ce n'est pas «je». Lorsque vous dites: «Je suis un être qui réussit», vous êtes dans l'erreur, vous êtes plongé dans les ténèbres. Vous vous identifiez avec le succès. C'est pareil lorsque vous dites: «Je suis un être qui a échoué, ou je suis un avocat, ou je suis un homme d'affaires.» Vous savez ce qui va vous arriver si vous vous identifiez avec ces choses, n'est-ce pas? Vous allez vous y accrocher, vous allez avoir peur qu'elles vous échappent, qu'elles s'écroulent, et c'est là que commenceront vos souffrances. C'est ce que j'ai voulu exprimer lorsque je vous ai dit: «Vous souffrez parce que vous êtes endormi.» Voulez-vous que je vous donne une preuve de votre sommeil? Vous souffrez. La souffrance prouve que vous avez perdu contact avec la réalité. La souffrance vous est donnée afin que vous ouvriez les yeux sur la vérité, afin que vous puissiez comprendre qu'il y a un mensonge quelque part. Elle est comme ces douleurs physiques qui vous sont données afin que vous puissiez comprendre qu'une maladie ou un problème physiologique est en vous. La souffrance survient lorsqu'on se heurte à la réalité. Lorsque les illusions se heurtent à la réalité, lorsque les mensonges se heurtent à la réalité, on souffre. En dehors de cela, il n'y a pas de souffrance.

Les obstacles au bonheur

Ce que je vais vous dire va vous paraître un peu solennel, mais c'est une vérité: les minutes qui vont suivre pourraient être les plus importantes de votre vie. Si vous arrivez à saisir cela, vous trouverez le secret du réveil. Vous serez heureux pour toujours. Vous ne serez plus jamais malheureux. Plus rien ne pourra vous blesser. Plus rien, je vous le répète. Lorsqu'on jette en l'air de la peinture noire, l'air ne se souille pas. On ne peut colorer l'air en noir. Il en sera de même pour vous: quoi qu'il vous arrive, vous ne serez pas souillé. Vous resterez en paix. Il y a des êtres qui ont atteint ce stade. C'est ce que j'appelle être humain. Être humain n'a rien à voir avec cette absurdité consistant à être une marionnette gesticulant en tous sens, jouet des événements, à qui les autres disent ce qu'elle doit ressentir. Alors cette marionnette ressent les choses comme on lui a dit de les ressentir. On appelle cela être vulnérable. Moi j'appelle cela être une marionnette. Ainsi, vous voulez être une marionnette? Vous voulez obéir dès qu'on presse un bouton, c'est ça? Alors que si vous refusez de vous identifier avec des étiquettes, la plupart de vos soucis disparaîtront.

Nous parlerons bientôt de la peur de la maladie et de la mort, mais pour l'instant penchons-nous sur des soucis plus ordinaires, par exemple votre carrière. Un homme d'affaires de peu d'envergure, âgé de cinquante-cinq ans, sirote une bière à un bar et se dit: «Mon pauvre vieux, regarde tes camarades de classe! Ils ont réussi, eux!» Quel idiot! Que veut-il dire par: Ils ont réussi!? Qu'ils ont eu leur nom dans les journaux? Vous appelez cela réussir? L'un d'eux est président de sa compagnie, l'autre est juge à la cour, un autre est ceci ou cela... Des singes, voilà ce qu'ils sont devenus.

Qui peut déterminer en quoi consiste le succès? La société stupide dans laquelle nous vivons! La préoccupation majeure de cette société est que ceux qui la composent continuent à être malades! Plus vite vous comprenez cela, mieux vous vous porterez. Les gens sont malades. Ils ont perdu la tête, ils sont fous. Vous devenez président d'un asile d'aliénés et vous en êtes fier, et pourtant cela ne veut rien dire. Devenir président d'un organisme n'a rien à voir avec une vie réussie. Être riche n'a rien à voir avec une vie réussie. Réussir sa vie, c'est se réveiller. Vous n'avez à vous excuser auprès de personne, vous n'avez aucune explication à donner à ceux qui vous entourent, vous vous fichez royalement de ce que les autres pensent de vous ou disent de vous. Vous n'avez aucun souci. Vous êtes heureux. C'est ce que j'appelle réussir sa vie. Occuper un position prestigieuse ou être célèbre n'a rien à voir avec le bonheur ou avec une vie réussie. Rien! Aucun rapport. En fait, certaines personnes ne se préoccupent que de l'opinion de leurs enfants, de leur conjoint et de leurs voisins. Elles se disent qu'elles auraient dû devenir célèbres. Notre société et notre culture nous enfoncent cela dans la tête; jour et nuit, elles ne cessent de nous vanter les gens qui ont réussi. Réussi quoi? Réussi à faire d'eux-mêmes des ânes! Parce qu'ils ont gaspillé leur énergie pour obtenir des choses sans importance. Et maintenant ils ont peur de les perdre, ils vivent dans la confusion, ils ne sont plus que des marionnettes. Regardez-les se pavaner sur la scène. Voyez comme ils sont contrariés lorsqu'ils ont une tache sur leur chemise. Vous appelez cela le succès? Ils vivent sous le contrôle des autres, ils sont manipulés. Ils sont malheureux, misérables. Ils ne profitent pas de la vie. Ils sont constamment tendus et angoissés. Vous appelez cela être humain? Savez-vous pourquoi ils en sont arrivés là? Pour une seule raison: ils se sont identifiés à l'une ou l'autre étiquette. Ils ont identifié le «je» à leur richesse ou à leur travail ou à leur profession. C'est là qu'est leur erreur.

Connaissez-vous l'histoire de cet avocat à qui un plombier avait présenté sa facture et qui lui dit: «Dites donc, vous me comptez deux cent dollars par heure de main d'œuvre. Je ne gagne même pas cela comme avocat! — Moi non plus, je ne gagnais pas autant lorsque j'étais avocat», répond le plombier. Que l'on soit plombier, ou avocat, ou prêtre ou homme d'affaires, cela ne modifie pas le «je» essentiel. Cela ne vous modifie pas. Si je change de profession demain, ce sera comme changer de vêtements. Mon être n'en sera pas modifié pour autant. *Êtes-vous* vos vêtements? *Êtes-vous* votre nom? *Êtes-vous* votre profession? Cessez de vous identifier à tout cela. Ces choses-là peuvent changer.

Lorsque vous comprendrez vraiment cela, aucune critique ne pourra plus vous atteindre. Et il en sera de même des flatteries et des louanges. Lorsque quelqu'un vous dit: «Vous êtes un type bien», de qui parle-t-il? Il parle de «moi», pas de «je». «Je» n'est ni grand ni petit. Ce n'est pas «je» qui a du succès ou qui échoue. «Je» ne fait pas partie de ces étiquettes. Ces choses-là vont et viennent, elles sont subordonnées aux critères établis par la société. Elles dépendent de votre conditionnement, de l'humeur de la personne à qui vous êtes en train de parler. Elles n'ont rien à voir avec «je». «Je» ne fait pas partie de ces étiquettes. «Moi» est généralement égoïste, idiot, puéril — un âne dans toute sa splendeur. Ainsi, quand vous dites: «Vous êtes un âne», je sais cela depuis des années. Il s'agit du moi conditionné — que pouviez-vous en attendre de mieux? Je sais cela depuis des années. Pourquoi vous identifier avec lui? Stupide! Ce n'est pas «je», c'est «moi».

Vous voulez être heureux? Le bonheur ininterrompu est là sans raison. Le vrai bonheur est là sans raison. Vous ne pouvez me rendre heureux. Vous n'êtes pas mon bonheur. Lorsque vous demandez à une personne éveillée: «Pourquoi êtes-vous heureux?», cette personne vous répond: «Pourquoi pas?»

Le bonheur est un état naturel. Le bonheur est l'état naturel des petits enfants, à qui le royaume appartient jusqu'à ce qu'ils soient contaminés et souillés par la stupidité de la société et de la culture. Il n'y a rien à faire pour acquérir ce bonheur, car il ne peut être acquis. Quelqu'un peut-il me dire pourquoi? Parce que nous le possédons déjà. Comment pourrions-nous acquérir ce que nous possédons déjà? Et puisque nous le possédons, pourquoi ne pas l'utiliser? Parce que pour l'utiliser nous devons laisser tomber quelque chose; nous devons laisser tomber nos illusions. Il n'est pas nécessaire d'ajouter quoi que ce soit à nos vies pour être heureux, il suffit de laisser tomber quelque chose. La vie est facile, la vie est délicieuse. Elle n'est dure que pour vos illusions, vos ambitions, votre cupidité, vos désirs insatiables. Savez-vous d'où viennent ces choses-là? De votre identification à une série d'étiquettes.

Quatre pas vers la sagesse

La première chose à faire est d'entrer en contact avec les sentiments négatifs qui vous habitent et dont vous n'êtes même pas conscient. Un grand nombre de gens sont habités par des sentiments négatifs dont ils ne sont pas conscients. Un grand nombre de gens sont déprimés sans le savoir. Ce n'est que lorsqu'ils entrent en contact avec la gaieté qu'ils comprennent à quel point ils sont déprimés. On ne peut se battre contre un cancer que l'on ignore. On ne peut venir à bout de charançons si on n'est pas conscient de leur existence. La première chose à faire est de prendre conscience de vos sentiments négatifs. Quels sentiments négatifs? Les idées noires, par exemple. Vous vous sentez triste et maussade. Vous vous détestez, vous vous sentez coupable. Votre vie vous paraît inutile, absurde; vous avez l'impression d'avoir été blessé dans vos sentiments; vous êtes nerveux, tendu. Entrez d'abord en contact avec ces sentiments.

La deuxième étape (ce programme en contient quatre) est de comprendre que le sentiment ressenti est en vous, pas dans la réalité. C'est une chose tout à fait évidente, mais croyez-vous que les gens savent cela? Croyez-moi, ils n'en savent rien. Ils sont docteurs, professeurs ou recteurs d'université, mais ils n'ont pas compris cela. Ce n'est pas à l'école qu'on m'a appris à vivre. On m'a tout appris mais pas cela. «J'ai reçu une excellente éducation, a dit un jour un homme. Et cela m'a pris des années pour m'en remettre.» C'est de cela qu'il s'agit lorsqu'on parle de spiritualité: désapprendre. Désapprendre toutes les inepties qu'on vous a inculquées.

Les sentiments négatifs sont en vous, pas dans la réalité. Alors cessez d'essayer de la changer. C'est absurde. Cessez d'essayer de changer les autres. Nous gaspillons notre temps et notre énergie à essayer de changer les contingences, à essayer de transformer nos conjoints, nos supérieurs, nos amis, nos ennemis et tout le reste. Nous n'avons pas à changer ce qui nous entoure. Les sentiments négatifs sont *en nous*. Il n'y a aucun être sur terre qui soit capable de vous rendre malheureux. Il n'y a aucun événement qui ait le pouvoir de vous blesser ou de vous inquiéter. Ni les événements, ni les circonstances, ni les contingences, ni les gens ne possèdent ce pouvoir. Mais voilà, personne ne vous a jamais dit ce que je vous dis aujourd'hui; on vous a même dit le contraire. C'est la raison pour laquelle vous vivez dans une telle confusion. C'est la raison pour laquelle vous êtes endormi. On ne vous a jamais dit ce que je vous dis aujourd'hui. On ne vous a jamais révélé cette chose si évidente.

Imaginons que la pluie ruine le pique-nique que vous avez organisé. Qui ressent des sentiments négatifs? La pluie ou *vous*? Qui cause ces sentiments négatifs? La pluie ou votre réaction? Lorsque vous vous cognez le genou sur une table, la table continue à se sentir bien. Elle remplit le rôle qui lui a été assigné: être une table. La douleur est dans votre genou, pas dans la table. Les mystiques ne cessent de nous répéter que la réalité est parfaite. La réalité ne pose pas de problèmes. Les problèmes n'existent que dans le cerveau humain. On pourrait ajouter «stupide»; le cerveau humain endormi et stupide. La réalité ne pose pas de problèmes. Supprimez les êtres humains de cette planète et la vie continuera, la nature continuera à exister, avec ses merveilles et sa violence. Où est le problème? Il n'y en a pas. C'est vous qui le créez. Vous êtes le problème. Vous vous identifiez à «moi» et c'est là le problème. Le problème est en vous, pas dans la réalité. 2°

Troisième étape: ne jamais vous identifier à un sentiment. Celui-ci n'a rien à voir avec le «je». Ne définissez pas votre moi essentiel en fonction d'un sentiment. Ne dites pas: «Je suis déprimé.» Dites: «Il est déprimé», ce sera plus juste. Si vous dites que la dépression est là, c'est bien; si vous dites que la contrariété est là, c'est bien aussi. Mais ne dites pas: «Je suis contrarié», car vous vous définissez alors en fonction de ce sentiment. C'est là que vous vous illusionnez, que vous vous trompez vous-même. Il y a une dépression qui existe, il y a des sentiments qui sont blessés, mais laissez-les tranquilles. Ils s'en iront d'eux-mêmes. Rien ne dure, rien. Votre dépression et vos sensations agréables n'ont rien à voir avec le bonheur. Ce ne sont que les deux plateaux de la balance. Si vous cherchez les coups ou les sensations agréables, préparez-vous à être déprimé. Vous voulez votre drogue? Préparez-vous à la gueule de bois ou au manque. La balance penche d'un côté puis de l'autre.

Tout cela n'a rien à voir avec «je»; cela n'a rien à voir avec le bonheur. Cela ne concerne que «moi». Si vous gardez cela en mémoire, si vous ne cessez de vous le répéter, si vous vous appliquez à parcourir ces trois étapes des milliers et des milliers de fois, vous y arriverez. Peut-être serez-vous capable d'y arriver plus vite, il n'y a pas de règle. Mais même si vous devez vous y reprendre des milliers de fois avant d'arriver au but, cela en vaudra la peine car vous ferez alors la plus grande découverte de votre existence. Trouver de l'or en Alaska n'est rien à côté de cette découverte! Que feriez-vous de cet or? Si vous n'êtes pas heureux, à quoi bon vivre? C'est alors que vous trouverez de l'or. Qu'est-ce que cela changera? Vous serez un roi, une princesse. Vous serez libre; vous ne vous préoccuperez plus d'être accepté ou rejeté, cela n'aura plus d'importance. Les psychologues nous disent qu'il est très important d'avoir le sens de l'appartenance. Sornettes! Pourquoi voudriez-vous appartenir à quelqu'un? Cela n'aura plus d'importance.

Un de mes amis m'a raconté qu'il existe une tribu africaine dans laquelle la peine capitale consiste à être banni. Si vous étiez chassé de votre ville, en mourriez-vous pour autant? Pourquoi cet homme africain voit-il la mort dans son bannissement? Parce qu'il partage la stupidité commune à l'humanité. Il est persuadé qu'on ne peut vivre sans appartenir à une tribu. Est-ce vraiment là un sentiment différent de ceux que ressentent la plupart des individus? Cet homme est convaincu qu'il doit appartenir à quelque chose. Il n'est pas nécessaire d'appartenir à quelqu'un, ou à quelque chose, ou à un groupe quelconque. Il n'est même pas nécessaire d'être amoureux. Qui vous a dit que cela était nécessaire? La seule chose dont vous avez besoin, c'est d'être libre. La seule chose dont vous avez besoin, c'est d'aimer. C'est ainsi que le veut votre nature. Mais vous me dites que vous voulez être désiré, applaudi; que vous voulez séduire. Vous voulez que tous les petits singes qui vous entourent vous courent après. Vous êtes en train de gâcher votre vie. *Réveillez-vous!* Vous n'avez pas besoin de cela. Vous pouvez être suprêmement heureux sans cela.

Vos proches n'aimeront pas du tout ce changement; ils seront terrifiés lorsque vos yeux s'ouvriront, lorsque vous comprendrez. Ils ne pourront pas garder le contrôle sur une personne qui a compris. Une personne qui n'a plus besoin de personne, qui ne se sent pas menacée par les critiques, qui se fiche pas mal de ce que pensent et disent les autres. Cette personne a coupé toutes les attaches; elle n'est plus une marionnette. C'est terrifiant. «Il faut que nous nous débarrassions de lui. Il dit la vérité; il n'a plus peur de rien, il n'est plus humain.» *Humain!* Alors qu'il est enfin devenu un être humain! Il a brisé ses entraves, il s'est évadé de sa prison.

Aucun événement ne justifie un sentiment négatif. Aucune situation tragique dans le monde ne justifie un sentiment négatif. C'est ce que les mystiques n'ont cessé de nous crier jusqu'à l'enrouement. Mais personne n'écoute. Le sentiment négatif est en vous.

Dans le *Bhagavad-gîtã*, le livre sacré hindou, Krishna dit à Arjuna: «Plonge dans le feu de la bataille mais laisse ton cœur aux pieds de lotus du Seigneur.» Quelle merveilleuse phrase!

Il n'y a rien à faire pour acquérir le bonheur. Le grand maître Eckhart exprimait cette vérité par ces merveilleuses paroles: «Ce n'est pas en ajoutant quelque chose à l'âme qu'on rejoint Dieu, mais en lui soustrayant quelque chose.» On ne doit rien faire pour être libre, on doit au contraire laisser tomber des choses. C'est alors qu'on se libère.

Je pense à ce prisonnier irlandais qui avait creusé un tunnel sous le sol de sa cellule afin de s'évader. Il arrive en plein milieu d'une cour d'école où jouent des petits enfants. Lorsqu'il sort du trou, il ne peut s'empêcher de manifester sa joie et commence à sauter et à crier: «Je suis libre, je suis libre, je suis libre!» Alors une petite fille vient à lui et, de toute sa hauteur, lui dit: «Ce n'est rien, ça! Moi, j'ai quatre ans.»

Quatrième étape: Comment changer les choses? Comment vous changer vous-même? Il y a plusieurs choses que vous devez comprendre tout de suite, ou plutôt une seule chose qui peut être exprimée de plusieurs manières différentes. Imaginez un malade qui va voir un docteur et lui explique de quoi il souffre. Le docteur lui dit: «Très bien, j'ai interprété vos symptômes. Savez-vous ce que nous allons faire? Je vais prescrire un médicament à votre voisin. — Merci beaucoup, docteur, je me sens déjà beaucoup mieux», répond le malade. N'est-ce pas absurde? C'est pourtant ce que nous faisons tous. La personne qui est endormie s'imagine qu'elle va se porter beaucoup mieux si quelqu'un d'autre change. Vous souffrez parce que vous êtes endormi, mais vous pensez: Comme la vie serait meilleure si un tel changeait; comme la vie serait meilleure si mon voisin changeait, si ma femme changeait, si mon patron changeait!

Nous croyons que nous allons nous sentir mieux lorsque quelqu'un d'autre aura changé. Vous êtes-vous déjà demandé ce qui vous arriverait si votre conjoint changeait? Vous seriez aussi vulnérable qu'avant, aussi stupide, aussi endormi. C'est vous qui avez besoin de changer, c'est vous qui avez besoin de médicaments. Il vous arrive de dire: «Je me sens bien parce que le monde va bien.» *Faux!* Le monde va bien parce que *vous* vous sentez bien. C'est ce que ne cessent de répéter les mystiques.

Tout est pour le mieux dans le meilleur des mondes

Lorsque vous vous réveillez, lorsque vous comprenez, lorsque vous voyez, vous acceptez le monde tel qu'il est. Nous sommes constamment préoccupés par le problème du mal. Je connais une histoire très profonde qui a pour personnage principal un petit garçon. Celui-ci marche au bord d'un fleuve et voit un crocodile pris dans un filet. «Auras-tu pitié de moi? dit le crocodile. Me délivreras-tu? Je suis laid, mais ce n'est pas ma faute. On m'a fait comme ça. Mais quelle que soit mon apparence extérieure, j'ai un cœur de mère. Je suis venue ici à la recherche de nourriture pour mes petits et j'ai été prise dans ce filet.

— Si je te délivrais, tu m'attraperais et me tuerais! répond l'enfant.

— Me crois-tu vraiment capable de faire une chose pareille à mon libérateur et bienfaiteur?» s'exclame le crocodile. Alors le petit garçon délivre la bête, qui se jette sur lui.

Tandis que le crocodile entreprend de l'avaler, l'enfant lui dit: «Ainsi, voici ma récompense pour ma bonne action.

— Ne le prends pas personnellement, fiston, répond le crocodile, le monde est ainsi fait. C'est la loi de la nature.» Alors l'enfant se met à argumenter et le crocodile lui propose de demander l'avis d'un autre animal. Le petit garçon voit un oiseau sur une branche et lui dit: «Oiseau, selon toi, le crocodile a-t-il raison?

— Le crocodile a raison, répond l'oiseau. Prends mon cas, par exemple. Un jour que je revenais au nid avec des vers pour mes oisillons, quelle ne fut pas mon horreur lorsque je vis un serpent rampant le long du tronc et se dirigeant droit vers mes petits. J'étais absolument sans défense. Alors le serpent a dévoré mes oisillons les uns après les autres. Je n'arrêtais pas de crier, de hurler, mais cela ne servait à rien. Le crocodile a raison, c'est la loi de la nature, c'est ainsi qu'est fait le monde.»

«Tu vois!» dit le crocodile à l'enfant. Mais le garçon insista pour poser la question à un autre animal. «Très bien, dit le crocodile, vas-y.» Il n'y avait qu'un âne au bord du fleuve. «Âne, dit l'enfant, voici ce que dit le crocodile. Selon toi, a-t-il raison?» Et il lui raconta l'histoire. «Le crocodile a raison, dit l'âne. Écoute-moi. J'ai été l'esclave de mon maître toute ma vie et il m'a à peine donné à manger. Et maintenant que je suis vieux et inutile, il a ôté mes liens et m'a chassé, et maintenant je suis ici, dans la jungle, à attendre qu'une bête sauvage me saute dessus pour me dévorer. Le crocodile a raison, c'est la loi de la nature, la vie est ainsi faire.»

«Tu vois! dit le crocodile à l'enfant. Allons-y!» Et il se prépare à l'avaler. «Attends! dit le petit garçon, donne-moi encore une chance, une dernière chance. Laisse-moi poser la question à un autre animal. Rappelle-toi combien j'ai été bon pour toi. — Soit, dit le crocodile, ta dernière chance.» Un lapin passe par là et l'enfant lui demande: «Lapin, selon toi, le crocodile a-t-il raison?» Alors le lapin s'assied sur son derrière et dit au crocodile: «Tu as vraiment dit cela à l'enfant?

— Oui, répond le crocodile.

— Un instant! dit le lapin. Il faut que nous discutions sérieusement de tout cela.

— D'accord.

— Oui, mais comment pourrions-nous discuter si

tu gardes cet enfant dans ta mâchoire? Relâche-le, il faut qu'il prenne part à la conversation.

— Pas bête, dit le crocodile. Aussitôt que je l'aurai relâché, il en profitera pour s'échapper.

— Je te croyais beaucoup plus sensé, dit le lapin. S'il essayait de t'échapper, tu pourrais le tuer d'un coup de queue.

— Très juste», dit le crocodile, et il relâche l'enfant. Alors le lapin crie au gamin: «Cours!» Et l'enfant prend ses jambes à son cou et s'enfuit. Mais le lapin lui crie: «Tu aimes la chair de crocodile? Ne serait-ce pas là un délicieux repas pour les gens de ton village? Tu n'as pas entièrement libéré ce crocodile, il est toujours pris dans le filet. Pourquoi n'irais-tu pas au village pour ramener de l'aide? Ensuite vous pourriez faire un banquet.» C'est ce que fit le petit garçon. Il courut au village et appela tous les hommes à sa rescousse. Ils vinrent avec des haches et des lances et tuèrent le crocodile.

Mais le chien du petit garçon vint aussi et, lorsqu'il vit le lapin, il le prit en chasse, l'attrapa et l'étrangla. L'enfant arriva trop tard. Alors, regardant le lapin agoniser, il lui dit, la voix pleine de tristesse: «Le crocodile avait raison. C'est la loi de la nature, le monde est ainsi fait.»

Rien ne peut expliquer les souffrances, le mal, les tortures, la destruction et la faim qui règnent dans le monde. Personne ne pourra jamais expliquer ces horreurs. Vous pouvez toujours essayer avec des formules, des dogmes, des doctrines, vous n'y parviendrez pas. La vie est un mystère, ce qui signifie que votre pensée ne peut lui donner un sens. Et lorsque vous êtes sur le point de vous réveiller, vous réalisez soudainement que c'est vous, et non la réalité, qui constitue le problème.

Les somnambules

Les Écritures ne cessent de laisser entendre que les êtres qui dorment sont incapables de les comprendre. Les gens endormis lisent les Écritures et recrucifient le Messie. Il est temps que vous vous réveilliez et que vous en saisissiez le sens. Lorsque vous vous réveillerez, les Écritures prendront un sens. Comme la réalité. Mais vous ne pourrez jamais transmettre ce sens avec des mots. Vous préféreriez passer aux actes? Même alors, il faudra vous assurer que vous ne passez pas à l'action dans le seul but de vous débarrasser de vos sentiments négatifs. La plupart des gens qui passent à l'action ne font que rendre les choses encore plus compliquées. Ils ne sont pas motivés par l'amour, mais par des sentiments négatifs. Ils sont motivés par des sentiments de culpabilité, de colère, de haine; ils ont l'impression qu'on a été injuste envers eux. Vous devez vous connaître avant de passer à l'action. Vous devez savoir qui vous êtes. Malheureusement, lorsque des gens endormis passent à l'action, ils ne font que remplacer une cruauté par une autre, une injustice par une autre. Maître Eckhart disait: «Ce n'est pas par nos actions que nous serons sauvés (ou réveillés, ce qui revient au même), mais par ce que nous sommes. Ce n'est pas pour ce que vous faites, mais pour ce que vous êtes que vous serez jugé.» Quel bien cela vous fait-il à vous de nourrir les affamés, de donner à boire à ceux qui ont soif ou de rendre visite à des prisonniers?

Rappelez-vous les paroles de Paul: «Si je donne mon corps pour être brûlé, et toutes mes possessions aux pauvres, et suis sans amour...» Ce ne sont pas vos actions qui comptent, c'est votre être. Vous pourrez passer à l'action quand votre être sera prêt. Mais vous ne serez en mesure de décider de le faire ou de ne pas le faire que lorsque vous serez réveillé. Hélas, on fait un grand nombre de discours sur la nécessité de changer le monde, mais on en fait très peu sur le réveil. Lorsque vous vous réveillerez, vous saurez ce qu'il faut faire et ce qu'il ne faut pas faire. Certains mystiques sont très étranges. Comme Jésus, par exemple, qui disait: «Je n'ai pas été envoyé à ces gens. Pour l'instant, il convient que je fasse ce que j'ai à faire. Pour le reste, on verra plus tard, peut-être.» D'autres mystiques gardent le silence. D'autres, mystérieusement, psalmodient. D'autres encore se dévouent. On ne sait jamais exactement ce qui les poussent à agir ainsi. Mais il y a une règle générale: ils savent exactement ce qui doit être fait. «Plonge dans le feu de la bataille mais laisse ton cœur aux pieds de lotus du Seigneur.»

Imaginez que vous soyez indisposé et d'humeur massacrante. Quelqu'un vous emmène en promenade à travers la campagne. Le paysage est magnifique, mais votre mauvaise humeur vous empêche de le voir. Quelques jours plus tard, vous repassez devant le même paysage et vous vous dites: «Dieu du ciel, mais où étais-je pour ne pas avoir vu tout cela?» Tout devient plus beau lorsqu'on change. Ou bien imaginez que vous regardez des arbres et des montagnes à travers une fenêtre balayée par la tempête. Tout vous semble flou et informe. Vous voudriez sortir et changer ces arbres et ces montagnes. Mais attendez! Examinez d'abord votre fenêtre. Lorsque la tempête est finie et que cesse la pluie, vous regardez à nouveau par cette fenêtre et vous vous dites: «Comme tout paraît différent!» Nous ne voyons pas les gens et les choses comme ils sont, mais en fonction de nous. C'est la raison pour laquelle deux personnes regardant la même chose ou la même personne ont des réactions différentes. Nous ne voyons pas les choses et les gens comme ils sont, mais en fonction de ce que nous sommes.

Rappelez-vous cette phrase des Écritures sur tout ce qui se transforme positivement pour ceux qui aiment Dieu. Lorsque vous êtes enfin réveillé, vous n'avez pas à faire en sorte que les choses soient meilleures, elles le deviennent sans que vous fassiez rien. Vous vous apercevez soudainement que tout ce qui vous arrive est positif. Pensez à ces proches que vous aimeriez voir changer. Vous les trouvez capricieux, irréfléchis, peu sérieux, déloyaux. Lorsque vous aurez changé, ils changeront aussi. C'est un traitement miraculeux, infaillible. Aussitôt que vous aurez changé, ils deviendront différents. C'est ainsi que vous les verrez désormais. Quelqu'un qui vous paraissait terrifiant vous semblera effrayé. Quelqu'un qui vous paraissait grossier vous paraîtra timide. Personne ne pourra plus jamais vous blesser. Personne ne pourra plus jamais faire pression sur vous. Supposons que vous laissiez un livre à mon intention sur la table. Alors je vous dis: «Vous faites pression sur moi pour que je lise ce livre. Libre à moi de l'emporter ou de le laisser où il est.» Les gens ont une telle habitude d'accuser; ils blâment les autres, la vie, la société, leur voisin. Si vous êtes comme eux, vous ne changerez jamais; vous continuerez à vivre un cauchemar, vous ne vous réveillerez jamais.

Commencez ce programme et répétez-le mille fois s'il le faut. Il consiste à: *(a)* identifier vos sentiments négatifs; *(b)* comprendre que ces sentiments sont en vous et non dans le monde, dans la réalité extérieure; *(c)* ne pas voir ceux-ci comme une part essentielle de «je», car ces sentiments naissent et disparaissent; *(d)* comprendre que, lorsque vous changerez, tout changera autour de vous.

Le changement comme nécessité

Une question importante subsiste. Vous vous demandez: que dois-je faire pour me transformer?

J'ai une très bonne surprise pour vous: vous n'avez rien à faire. Plus vous en feriez, plus cela compliquerait le processus. La seule chose à faire est de comprendre.

Pensez à un de vos proches ou à un collègue que vous n'aimez pas, une personne qui fait naître en vous des sentiments négatifs. Maintenant essayez de comprendre ce qui se passe en vous. La première chose à faire est de comprendre que ce sentiment négatif est en vous. C'est vous qui en êtes responsable, pas la personne que vous n'aimez pas. Un autre individu serait parfaitement à l'aise et serein en présence de cette personne; il ne serait contrarié en aucune manière. *Vous* l'êtes. À présent, essayez de comprendre ceci: vous demandez quelque chose, vous attendez quelque chose de cette personne. Pouvez-vous entrer en contact avec cette réalité-là? Alors dites à cette personne: «Je n'ai pas le droit d'attendre quelque chose de vous.» En disant cela, vous perdrez vos attentes. «Bien sûr, je vais me protéger des conséquences éventuelles de vos actions et de vos caprices, mais vous pouvez continuer à vous comporter comme vous le désirez et à être celui que vous avez choisi d'être. Je n'ai pas le droit d'exiger de vous un quelconque changement.»

Voyez maintenant ce qui se passe en vous. Si vous avez senti une résistance lorsque vous avez prononcé ces paroles, vous découvrirez beaucoup de choses sur votre «moi». Faites sortir le dictateur qui est en vous, faites sortir le tyran. Vous pensiez être un agneau, dites-vous? Non, vous êtes un tyran, je suis un tyran. C'est une petite variation de «je suis un âne, tu es un âne». Je suis un dictateur, vous êtes un dictateur. Je veux prendre votre vie en main; je veux vous dire exactement ce que j'attends de vous, comment vous devez vous comporter, et vous avez tout intérêt à vous conformer à mes désirs ou je me punirai moi-même en ayant des sentiments négatifs. N'oubliez jamais ce que je vous ai dit précédemment: nous sommes tous fous.

Un jour, une dame m'a raconté que son fils avait reçu un prix à l'école secondaire pour ses prouesses sportives et ses bonnes notes. Bien qu'elle en fût très heureuse, elle avait été tentée de lui dire: «Ne te réjouis pas trop de cette récompense, tu serais trop désappointé si un jour tes résultats étaient moins bons.» Cette dame se trouvait devant un dilemme: prévenir l'éventuelle désillusion de son fils sans lui gâcher une joie bien méritée.

On peut espérer que ce garçon apprendra tout seul tandis que sa mère grandira en sagesse. Ce qu'elle pourrait lui dire maintenant n'est pas important, ce qui est important c'est ce qu'elle deviendra si elle se transforme. Alors elle comprendra. Elle saura ce qu'il convient de dire et à quel moment le dire. Le prix remporté par le fils est le résultat d'un concours, et un concours peut être cruel s'il est bâti sur la haine de soi-même et des autres. Les gens éprouvent parfois un sentiment agréable lorsque les autres ressentent un sentiment négatif. On se sent bien parce qu'on a *le dessus* sur quelqu'un. N'est-ce pas détestable? Tout cela fait pourtant partie du décor dans cet asile d'aliénés qu'est la vie.

Un médecin américain qui a écrit des ouvrages sur les effets de la compétition sur son existence a raconté ses études en Suisse dans une université fréquentée par un grand nombre d'Américains. Ce médecin révèle que certains étudiants étaient extrêmement contrariés lorsqu'ils apprenaient qu'on ne donnait pas de notes dans cette école, qu'il n'y avait ni première ni seconde place, ni prix, ni liste de lauréats. On passait ou on ne passait pas, c'est tout. «Certains d'entre nous étaient incapables d'accepter cela. Nous en devenions presque paranoïaques. Nous nous disions qu'il devait y avoir une tricherie là-dessous.» Quelques étudiants changèrent d'université. Ceux qui restèrent découvrirent une chose qui leur parut étrange car elle n'existait pas dans les universités américaines: les étudiants les plus brillants venaient en aide aux autres, leur passant leurs notes de cours lorsque c'était nécessaire. Par contre, le fils de ce médecin, inscrit dans une école de médecine aux États-Unis, lui raconta que les étudiants désajustaient parfois le microscope de manière à ce que les étudiants qui devaient l'utiliser perdent trois ou quatre minutes à le remettre au point. Compétition. Ils voulaient réussir, ils voulaient être parfaits. Le même médecin raconte une petite histoire qui, selon lui, donne matière à une excellente parabole.

Des gens avaient coutume de se rassembler, dans une petite ville des États-Unis, pour faire de la musique. Il y avait parmi eux un saxophoniste, un batteur, un violoniste. Ils étaient tous assez âgés. Ce n'était pas de grands musiciens, mais ils aimaient se rassembler ainsi pour l'amour de la musique et pour le plaisir d'être ensemble. Ils étaient contents et s'amusaient énormément. Jusqu'au jour où ils décidèrent d'engager un chef d'orchestre aussi ambitieux que dynamique. Celui-ci leur dit: «Les gars, nous allons donner un concert. Nous allons nous préparer pour donner un concert en ville.» Puis il se débarrassa petit à petit des musiciens qui ne jouaient pas très bien, engagea des musiciens professionnels, monta un orchestre et fit en sorte qu'on en parle dans les journaux. N'était-ce pas extraordinaire? Puis l'orchestre décida de s'installer dans une grande ville. Mais quelques vieux musiciens, les larmes aux yeux, disaient: «C'était si merveilleux avant, lorsqu'on jouait mal et qu'on s'amusait.» La cruauté était entrée dans leur existence, mais aucun d'eux ne l'avait reconnue comme telle. Vous voyez comment la folie peut s'emparer des gens?

Quelques-uns d'entre vous me demandent ce que je veux dire lorsque je fais la déclaration suivante: «Suivez votre voie et soyez vous-même, très bien, mais moi je vais me protéger et être moi-même.» En fait, je veux dire que je refuse d'être manipulé par vous. Je vis ma vie. Je suis ma propre voie. Je veux être libre de penser mes propres pensées, de suivre mes inclinations, de vivre selon mes goûts. Je veux vous dire non si je le désire. Si je n'ai pas envie d'être en votre compagnie, ce n'est pas à cause des sentiments négatifs que vous provoquez en moi. Car vous avez cessé d'en provoquer. Vous n'avez plus aucun pouvoir sur moi. Peut-être que je préfère la compagnie des autres. Ainsi, lorsque vous me dites: «On va au cinéma ce soir?» je réponds: «Désolé, j'y vais avec un tel. Je préfère la compagnie de cette personne à la vôtre.» Et tout est bien.

Dire non aux autres est merveilleux, cela fait partie du réveil, c'est vivre sa vie comme on l'entend. Comprenez bien que cette attitude n'est pas égoïste. Ce qui est égoïste, c'est d'exiger que les autres vivent leur vie comme *vous* l'entendez. C'est cela l'égoïsme. Il n'y a rien d'égoïste à vivre sa vie comme on l'entend. L'égoïsme consiste à exiger d'une autre personne qu'elle vive selon vos goûts, ou pour votre profit, ou pour votre fierté, ou pour votre plaisir. Voilà une attitude tout à fait égoïste. Donc, je me protège. Je ne me sens pas obligé d'être avec vous, je ne me sens pas obligé de vous dire oui. Si je trouve votre compagnie agréable, j'en profiterai sans m'y accrocher. Mais je ne vous éviterai plus à cause des sentiments négatifs que vous créez en moi. Vous avez perdu le pouvoir de les provoquer.

Le réveil sera une surprise. Lorsqu'on ne s'attend pas à quelque chose et que cette chose arrive, on a une surprise. Quand la femme de Webster l'a surpris en train d'embrasser la bonne, elle lui a dit qu'elle était très surprise. Webster étant passablement pointilleux quant au sens des mots, (il avait écrit le dictionnaire qui porte son nom), il a répondu à sa femme: «Non, ma chère, c'est moi qui suis surpris. Vous, vous êtes stupéfaite!»

Certaines personnes font du réveil un but. Elles sont si déterminées à y arriver qu'elles disent: «Je refuse d'être heureux avant d'être réveillé!» Ces gens feraient beaucoup mieux de rester comme ils sont et d'être conscients de ce qu'ils sont. La simple conscience est un bonheur lorsqu'on la compare au désir constant de réagir. C'est parce qu'ils ne sont pas conscients que les gens sont si prompts à réagir. Vous finirez par comprendre qu'il y a des moments où vous réagirez inévitablement, même en étant conscient. Mais, au fur et à mesure que grandira votre conscience, vous réagirez de moins en moins et agirez de plus en plus. Mais cela n'a vraiment pas d'importance.

Un disciple avait fait ses adieux à son gourou et s'était retiré dans une contrée éloignée afin de méditer dans l'espoir d'atteindre l'illumination. Six mois plus tard, il envoya un mot à son maître pour lui faire part de ses progrès. Cette note disait: «Maintenant je comprends ce que veut dire perdre son moi.» Le gourou chiffonna la feuille et la jeta dans la corbeille à papier. Six mois après, arriva une deuxième note: «Maintenant je suis sensible à tout ce qui vit.» Le gourou jeta la note. Puis il reçut un troisième message: «Maintenant, je connais le secret de chacun et de tous.» Le message subit le même sort. Et cela continua ainsi pendant des années, jusqu'à ce que le disciple cesse d'écrire. Mais le gourou, curieux, demanda à un voyageur qui se rendait dans la contrée où s'était réfugié l'élève d'aller le voir et de venir lui raconter ensuite ce qu'il était devenu. Quelque temps après, il reçut un mot de son disciple: «Quelle importance?» Alors le gourou s'exclama: «Il y est arrivé! Il y est arrivé! Il y est finalement parvenu!»

Je puis aussi vous raconter l'histoire d'un soldat qui, sur un champ de bataille, dépose son fusil pour ramasser un bout de papier. Il se met à le regarder, puis s'amuse à le laisser tomber sur le sol. Il le regarde voleter. Puis il change d'endroit et recommence le même manège. Alors les autres soldats disent: «Cet homme s'expose à la mort. Il a besoin d'aide.» Et ils l'envoient dans un hôpital où il est confié aux meilleurs psychiatres. Mais l'état du soldat ne s'améliore pas. Il se promène dans le pavillon psychiatrique, ramassant des bouts de papier qu'il regarde vaguement avant de les laisser tomber sur le sol. Les médecins disent: «Nous allons réformer cette homme.» Après quoi, ils lui donnent un document certifiant qu'il est réformé. L'homme le saisit négligemment, le regarde et crie: «C'est ça? C'est ça!»

Il avait fini par l'obtenir, son billet de réforme!

Commencez donc par être conscient de votre état présent, quel qu'il soit. Cessez de vous comporter en dictateur. Ne vous obligez plus à faire des choses. Alors vous comprendrez que la simple conscience vous a permis d'atteindre ce but que vous vous êtes toujours efforcé d'atteindre.

Un être neuf

Évitez d'être exigeant lorsque vous poursuivez votre recherche de la conscience. C'est comme se conformer aux règles de la circulation routière. Si vous ne les observez pas, on vous donnera une amende. Dans certains pays, on roule à droite, dans d'autres on roule à gauche. Si vous contrevenez à ces règles, vous payerez une amende. Il n'est pas question ici de sentiments blessés, ou de revendications, ou d'attentes, vous êtes tout simplement soumis aux règles de la circulation routière.

Vous me demandez quand nous aborderons le sujet de la compassion et celui de la culpabilité. Vous connaîtrez tout cela lorsque vous vous réveillerez. Si vous vous sentez coupable à ce moment précis, comment voulez-vous que je vous explique cette culpabilité? Comment pourriez-vous savoir ce qu'est la compassion? Certaines personnes veulent imiter le Christ, mais un singe qui joue du saxo est-il pour autant musicien? Ce n'est pas parce que vous imitez le comportement du Christ que vous agissez comme lui. Vous devez devenir comme lui. Alors vous saurez exactement ce qu'il convient de faire, dans une situation donnée, en fonction de votre tempérament et de votre caractère, et en tenant compte du tempérament et du caractère de la personne à laquelle vous avez affaire. Personne n'aura à vous donner de conseils. Mais pour être capable d'agir de la sorte, vous devez *être* ce qu'était le

Christ. Une imitation superficielle, extérieure, ne vous mènerait nulle part. Si vous êtes convaincu que compassion veut dire douceur, je ne vois vraiment pas comment je pourrais vous la décrire, vraiment je ne vois pas, car la compassion peut être très dure. La compassion peut être brutale, elle peut vous prendre au collet, elle peut relever ses manches et vous secouer rudement. La compassion peut s'exprimer de différentes manières. Elle peut aussi être douce, mais on ne s'en rend pas compte. C'est seulement lorsqu'on devient amour — en d'autres mots lorsqu'on laisse tomber ses illusions et ses entraves — que l'on «sait».

C'est en vous identifiant de moins en moins avec le «je» que vous deviendrez de plus en plus à l'aise avec tout ce qui vous entoure. Pourquoi? Parce que vous n'aurez plus peur d'être blessé ou de ne pas être aimé. Vous n'éprouverez plus le désir d'impressionner personne. Pouvez-vous imaginer votre soulagement lorsque vous serez débarrassé du désir d'impressionner les autres? Un soulagement extraordinaire. Le bonheur. Vous ne ressentirez plus le besoin ou l'obligation d'expliquer quoi que ce soit. C'est ainsi que les choses doivent être. Qu'y a-t-il à expliquer? Et il en sera de même pour votre besoin ou pour l'obligation dans laquelle vous vous sentez de vous excuser. Je préfère vous entendre déclarer: «Je suis réveillé», que de vous entendre dire: «Je suis désolé.» Je préfère vous entendre déclarer: «Je me suis réveillé après notre dernière rencontre. Ce que je vous ai fait n'arrivera plus jamais», que de vous entendre dire: «Je suis désolé de ce que je vous ai fait.» Pourquoi devrait-on s'excuser? Voilà un sujet à étudier sérieusement. Même lorsque quelqu'un s'est montré particulièrement méchant avec vous, vous n'avez pas à en attendre des excuses.

Personne ne s'est montré méchant avec vous. Quelqu'un s'est montré méchant avec ce qu'il ou elle croyait être vous, pas avec vous. Personne ne vous a rejeté; on n'a rejeté que la personne que soi-disant vous êtes. Mais c'est une arme à double tranchant. Car personne ne vous accepte jamais non plus. Tant que les gens ne sont pas réveillés, ils ne font qu'accepter ou rejeter l'image qu'ils se font de vous. Ils ont fabriqué cette image, qu'ils ont ensuite acceptée ou rejetée. Vous vous rendez compte à quel point il peut être dévastateur de remettre ces choses en question? C'est trop libérateur. Mais comme il devient facile d'aimer les autres lorsqu'on a compris cela! Comme il devient facile d'aimer les autres lorsqu'on cesse de s'identifier à l'idée qu'ils se font d'eux et de vous. Il devient si aisé de les aimer, d'aimer tout le monde.

J'observe «moi», mais je ne pense pas à «moi». Parce que penser à «moi» donne souvent de mauvais résultats. Et lorsque j'observe «moi», je ne perds jamais de vue que «moi» n'est qu'un reflet. En fait, vous ne pensez jamais à «je» ou à «moi». Vous êtes comme un conducteur qui s'efforce de ne jamais perdre conscience de l'existence de sa voiture. On peut rêver, mais il ne faut jamais perdre conscience de l'environnement et des circonstances extérieures. Il faut être constamment en alerte. Une mère qui dort n'entend pas le grondement des avions qui passent au-dessus de sa maison, mais elle entend le plus petit gémissement de son enfant. Elle est en alerte et, en ce sens, elle est éveillée. On ne peut rien dire au sujet de l'état d'éveil, on ne peut parler que de l'état de sommeil. On ne peut faire que des suppositions sur l'état d'éveil. On ne peut rien dire sur le bonheur. Le bonheur ne peut être défini. Par contre on peut définir la misère. Laissez tomber le malheur et vous comprendrez. L'amour ne peut être défini, l'absence d'amour peut l'être. Laissez tomber l'absence d'amour, laissez tomber la peur et vous comprendrez. Nous voulons découvrir ce que signifie être éveillé. Nous ne l'apprendrons que lorsque nous le serons.

Cela signifie-t-il que vous ne devez rien exiger de vos enfants? Je n'ai pas dit cela, j'ai simplement dit: «Vous n'avez pas le droit d'exiger quoi que ce soit.» Un jour ou l'autre, votre enfant devra se séparer de vous, ainsi que le Seigneur lui enjoint de le faire. Et vous n'aurez plus aucun droit sur lui. En fait, il n'est pas vraiment votre enfant; il ne l'a jamais été. Il appartient à la vie, pas à vous. Personne ne vous appartient. Ce dont nous parlons, c'est de l'éducation à donner à un enfant. Si tu désires manger ici, tu as tout intérêt à te présenter entre midi et une heure, sinon tu ne mangeras pas. C'est aussi simple que cela. C'est la règle. Si tu arrives en retard, pas de repas! Tu es libre d'arriver en retard, bien sûr, mais tu devras en assumer les conséquences.

Lorsque je vous dis de ne rien attendre ou de ne

rien exiger des autres, je pense évidemment aux attentes et aux exigences qui concernent votre propre bien-être. Il est bien évident que le président des États-Unis doit exiger certaines choses du peuple américain. Le policier responsable de la circulation routière doit imposer des exigences aux usagers. Mais il s'agit là de demandes concernant le comportement — observation du code de la route, obéissance aux règles de la société, comportement civique. Ces lois n'ont pas été faites pour que le président ou le policier se sentent bien dans leur peau.

Atteindre le silence

Les gens se montrent toujours curieux de savoir ce qui va arriver lorsqu'ils seront enfin arrivés au but. S'agit-il là de simple curiosité? Ils ne cessent de demander comment cet état d'éveil va s'insérer dans le système, s'il aura un sens dans le contexte existant, et ce qu'ils vont ressentir. Mettez-vous d'abord à l'ouvrage et vous comprendrez. On ne peut décrire cet état. En Orient, on a coutume de dire: «Ceux qui savent ne disent rien; ceux qui disent ne savent rien.» On ne peut parler de l'éveil, on ne peut parler que de l'état contraire. Le gourou ne peut vous révéler la vérité. La vérité ne peut être mise en mots, elle ne peut être mise en formule. Ce ne serait plus la vérité. Ce ne serait plus la réalité.

La réalité ne peut être mise en formule. Le gourou ne peut que vous signaler vos erreurs. Lorsque que vous cesserez de commettre ces erreurs, vous connaîtrez la vérité. Mais même alors vous ne pourrez pas la décrire. Cette notion fait partie de l'enseignement des grands mystiques catholiques.

Saint Thomas d'Aquin, vers la fin de sa vie, n'écrivait plus, ne parlait plus. Il avait vu. J'ai cru pendant un certain temps qu'il n'avait gardé ce fameux silence que durant quelques mois, mais non, il est resté silencieux pendant des années. Il avait compris qu'il s'était conduit comme un insensé, et il l'a clairement exprimé en se taisant. C'est comme si vous n'aviez jamais mangé une mangue verte et que vous me demandiez: «Quel goût a ce fruit?» Je pourrais vous répondre: «Il est acide», mais en vous offrant ce mot, je vous égarerais. Comprenez-vous ce que je veux dire? La plupart des gens ne sont pas très avisés, ils s'emparent d'un mot — la parole des Écritures, par exemple — et le comprennent tout de travers. «Acide», disais-je donc. Alors vous demandez: «Acide comme le vinaigre, acide comme le citron?» Non, pas acide comme le citron, acide comme une mangue verte. «Mais je n'en ai jamais mangé», dites-vous. Dommage! Et pourtant vous continuez à en parler, vous écrivez même une thèse sur le sujet. Vous ne l'auriez pas fait si vous aviez mangé la mangue. Vous auriez écrit une thèse sur un autre sujet, pas sur les mangues. Alors, le jour où vous goûtez enfin une mangue verte, vous vous dites: «Seigneur! Quel imbécile j'ai été! Je n'aurais jamais dû rédiger cette thèse.» C'est exactement ce qu'a fait Thomas d'Aquin.

Un grand philosophe et théologien allemand a écrit un ouvrage portant uniquement sur le silence de saint Thomas d'Aquin. Thomas, un jour, s'est tout simplement tu. Il a cessé de parler. Dans le prologue de sa *Summa Theologica*, qui contient, comme son titre l'indique, toute sa théologie, il dit: «On ne peut dire qui est Dieu. On ne peut dire que ce qu'Il n'est pas.» On ne peut donc pas décrire comment Il est, on ne peut que décrire comment Il n'est pas. Et dans son fameux commentaire du *De Sancta Trinitate* de Boetius, Thomas dit qu'il y a trois manières de connaître Dieu: *(1)* dans la création; *(2)* dans les actions de Dieu au cours de l'histoire; *(3)* dans la plus haute connaissance de Dieu, ce qui signifie Le connaître *tamquam ignotum* (connaître Dieu comme l'inconnu). La connaissance la plus parfaite de la Trinité est de savoir qu'on ne la connaît pas. Ce n'est pas un maître oriental qui parle, c'est un saint canonisé de l'Église catholique romaine, le prince des théologiens. Connaître Dieu comme l'inconnu. Saint Thomas dit aussi: comme l'inconnaissable. La réalité, Dieu, la divinité, la vérité, l'amour sont inconnaissables, ce qui signifie que le cerveau humain ne peut les comprendre. Cela devrait mettre fin aux nombreuses questions que les gens posent parce qu'ils vivent dans l'illusion de la connaissance. C'est faux. Nous ne savons rien.

Qu'apportent les Écritures, dans ce cas? Les Écritures suggèrent, renseignent, elles ne décrivent pas. Le fanatisme du croyant sincère qui croit qu'il sait fait plus de mal que les mauvaises actions de deux cents coquins. Il est terrifiant de voir jusqu'où peuvent aller des croyants sincères lorsqu'ils se mettent en tête qu'ils savent. Ne serait-il pas merveilleux de vivre dans un monde où chacun dirait: «Nous ne savons pas»? Un grand mur s'écroulerait. Ne serait-ce pas merveilleux?

Un aveugle de naissance m'a demandé: «Qu'est-ce que cette chose qu'on appelle le vert?» Comment décrire la couleur verte à quelqu'un qui est né aveugle? Il faut avoir recours à l'analogie. Je lui ai répondu: «La couleur verte est comme de la musique douce.

— Oh, comme de la musique douce! a dit l'aveugle.

— Oui, douce et rassurante.» Puis un autre aveugle est venu me voir et m'a posé la même question. Alors je lui ai parlé de satin très doux, très agréable au toucher. Le lendemain, je vois les deux aveugles qui se donnent des coups de bouteille sur la tête. L'un d'eux dit: «C'est doux comme de la musique douce», et l'autre réplique: «Non, c'est doux comme du satin.» Et ils continuent à se bourrer de coups. Ils ne savent pas de quoi ils parlent; s'ils le savaient, ils se tairaient. C'est terrible. Et cela peut être pire, car un jour, on pourrait retrouver un des aveugles assis dans un jardin, semblant regarder autour de lui. Alors on lui dirait: «Eh bien, maintenant vous savez ce qu'est la couleur verte.» Alors il répondrait: «C'est vrai. Je l'ai entendue ce matin.»

Le fait est que vous êtes entouré par Dieu mais que vous ne Le voyez pas parce que vous *croyez* Le connaître. Le mur qui vous empêche de voir Dieu est votre conception de Dieu. Vous Le manquez parce que vous croyez le connaître. C'est ce qui est terrible dans la religion. C'est ce qu'expliquent les Évangiles. Les Évangiles disent que les croyants, en croyant connaître, se sont débarrassés de Jésus. La plus haute connaissance de Dieu est de savoir que Dieu est inconnaissable. On a assez parlé de Dieu; le monde est malade de tous ces discours. Il y a trop peu de conscience, trop peu d'amour, trop peu de bonheur, mais il faut également cesser d'utiliser ces mots-là. Il y a trop peu d'abandon des illusions, des erreurs, des entraves et de la cruauté. Il y a trop peu de conscience. C'est de tout cela que souffre le monde, non pas d'un manque de religion. La religion est censée nous parler d'un manque de conscience et d'éveil. Regardez comme nous sommes dégénérés. Voyez comme on se tue, dans mon pays, au nom de la religion. Vous trouverez cela partout. «Ceux qui savent ne disent rien; ceux qui disent ne savent rien.» Toutes les révélations, même divines, ne sont rien d'autre qu'un doigt pointé vers la lune. Nous disons, ici en Orient: «Lorsque le sage pointe le doigt vers la lune, les idiots ne voient qu'une chose: le doigt.»

Jean Guitton, un écrivain français très pieux et très orthodoxe, a fait un jour cette terrifiante remarque: «Nous utilisons souvent le doigt pour arracher les yeux.» N'est-ce pas terrible? Conscience, conscience, conscience! C'est dans la conscience qu'est la guérison; c'est dans la conscience qu'est la vérité; c'est dans la conscience qu'est le salut; c'est dans la conscience qu'est la spiritualité; c'est dans la conscience qu'est la croissance; c'est dans la conscience qu'est l'amour; c'est dans la conscience qu'est la conscience. Conscience.

Je suis obligé d'utiliser des mots et des concepts pour vous expliquer pourquoi, lorsque vous regardez un arbre, vous ne le voyez pas vraiment. Vous *croyez* le voir, mais vous vous trompez. Lorsque nous regardons une personne, nous ne voyons pas vraiment cette personne, nous *croyons* la voir. Ce que nous voyons est un être que nous avons installé dans notre esprit. Nous avons une impression et nous nous accrochons à cette impression; et nous continuons à regarder cette personne à travers cette impression. Nous faisons cela avec tout ce qui nous entoure. Lorsque vous aurez compris cela, vous comprendrez la beauté et le charme qui résident dans cette conscience de tout ce qui nous entoure. Car c'est là qu'est la réalité. «Dieu», quel qu'il soit, est là. Tout est *là*. Le petit poisson perdu dans l'océan dit: «Excusez-moi, je cherche l'océan. Pouvez-vous me dire où le trouver?» C'est pathétique, n'est-ce pas? Si vous ouvriez simplement les yeux pour voir, alors vous comprendriez.

Perdre la course

Revenons à cette merveilleuse phrase de l'Évangile qui dit qu'il faut se perdre pour se trouver. On la retrouve dans tous les écrits religieux et dans la littérature mystique et spirituelle.

Comment arriver à se perdre? Avez-vous déjà *essayé* de perdre quelque chose? Plus vous essayez, plus c'est difficile, n'est-ce pas? C'est quand on essaie de ne pas perdre un objet qu'on le perd. On perd une chose quand on n'est pas conscient de l'existence de cette chose. Alors comment faire pour mourir à soi-même? Nous parlerons bien sûr de la mort, pas du suicide. On ne nous a pas dit de tuer notre moi, mais de mourir. S'infliger des souffrances, infliger des souffrances à soi-même serait contraire au but à atteindre. Cela irait à l'encontre du but recherché. On n'est jamais aussi rempli de soi-même que lorsqu'on souffre. On n'est jamais aussi centré sur soi-même que lorsqu'on est déprimé. Et on n'est jamais aussi prêt à s'oublier soi-même que lorsqu'on est heureux. Le bonheur vous délivre de vous-même. Ce sont la souffrance, le chagrin, la misère et la dépression qui vous lient à vous-même. Avez-vous remarqué comme vous étiez conscient de l'existence de votre dent lorsque celle-ci vous faisait souffrir? Lorsque vous n'avez pas mal aux dents, vous n'avez même pas conscience d'avoir des dents; vous n'avez même pas conscience d'avoir une tête lorsque vous n'avez pas mal à la tête. Mais c'est une autre chanson lorsque vous avez une violente migraine!

Il est donc tout à fait faux, tout à fait erroné de penser que le moyen de renoncer au soi est de lui causer des souffrances en se jetant dans l'abnégation, dans les mortifications, d'après la conception traditionnelle. Renoncer au soi, le perdre, mourir à soi-même signifie que l'on comprend sa vraie nature. Lorsque vous la comprenez, le soi disparaît; il se volatilise.

Un inconnu passe la tête à la porte de ma chambre et je lui dis: «Entrez donc! Puis-je savoir qui vous êtes?

— Je suis Napoléon, répond l'homme.

— Pas le Napoléon...

— Exactement. Je suis Bonaparte, empereur des Français.

J'exprime ma surprise, puis je me dis à moi-même: j'ai tout intérêt à ne pas contrarier cet homme, et j'ajoute avec le plus grand respect: «Je vous prie de vous asseoir, Majesté.

— Bien, dit-il, on me dit que vous êtes un bon directeur spirituel. Eh bien, j'ai un problème d'ordre spirituel. Je suis angoissé, il m'est très difficile d'avoir confiance en Dieu. Voyez-vous, mes armées sont en Russie, et je passe des nuits sans dormir à me demander comment tout cela va tourner.

— Votre Majesté, je peux assurément vous prescrire quelque chose contre vos angoisses. Je suggère que vous lisiez le chapitre 6, verset 28 de Mathieu:

«Considérez comment croissent les lys des champs; ils ne travaillent ni ne filent...»

En disant ces mots, je me demande qui est le plus fou, cet homme ou moi. Mais je montre l'intérêt que m'inspire cet insensé. C'est ce que tout gourou avisé ferait avec vous au début d'un entretien. Il manifesterait de l'intérêt; il prendrait vos problèmes au sérieux. Il essuyerait une larme ou deux sur vos joues. Vous êtes fou, mais vous ne le savez pas encore. Mais il n'en finira pas moins par tirer la carpette sous vos pieds en vous disant: «Pas d'histoires! Vous n'êtes pas Napoléon.» Dans les fameux dialogues de sainte Catherine de Sienne avec Dieu, ce dernier lui dit: «Je suis celui qui est; tu es celle qui n'est pas.» Avez-vous déjà ressenti votre non-être? En Orient, nous avons une image pour exprimer cela. C'est celle du danseur et de la danse. Dieu est vu comme le danseur, et la création comme la danse de Dieu. Ce n'est pas comme si Dieu était le grand danseur et vous le petit, oh non! Vous n'êtes pas du tout un danseur, vous êtes *dansé*! Avez-vous déjà ressenti cela? Ainsi, quand l'homme retrouve ses esprits et comprend qu'il n'est pas Napoléon, il ne cesse pas d'être pour autant. Il continue à être, mais il réalise soudainement qu'il est quelque chose d'autre que ce qu'il croyait être.

Perdre le soi consiste à comprendre soudainement que l'on est quelque chose d'autre que ce que l'on croyait être. Vous pensiez être au centre de l'univers et vous n'êtes qu'un satellite. Vous pensiez être le danseur, vous n'êtes que la danse. Ce sont là des analogies, ne les prenez pas au sens littéral. Elles ne font qu'expliquer, suggérer; elles ne sont que des indices, ne l'oubliez pas. Ils ne faut pas trop s'appuyer sur elles. Ne les prenez pas au pied de la lettre.

La valeur permanente

Passons à une autre idée, celle de la valeur personnelle. Valeur personnelle ne veut pas dire valeur du moi. D'où vous vient la valeur de votre moi? L'avez-vous obtenue par vos succès au travail? L'avez-vous obtenue par votre fortune? L'avez-vous obtenue en exerçant votre pouvoir de séduction sur des hommes (si vous êtes une femme) ou sur des femmes (si vous êtes un homme)? Comme tout cela est fragile, comme tout cela est éphémère! Lorsque nous parlons de la valeur du moi, ne parlons-nous pas, en fait, de notre reflet dans le miroir de l'esprit de ceux qui nous entourent? Mais devons-nous vraiment dépendre de cette image? On ne comprend ce que signifie les mots «valeur personnelle» que lorsqu'on cesse de s'identifier à ces éléments transitoires et de se définir par rapport à eux.

Ce n'est pas parce que tout le monde dit que je suis beau que je le suis. Je ne suis ni beau ni laid. La beauté fait partie de ces choses instables qui vont et viennent, apparaissent et disparaissent. Je pourrais, demain, être transformé en une créature hideuse, mais ce serait toujours moi. Ensuite, je pourrais redevenir beau grâce à la chirurgie esthétique. Le «je» peut-il vraiment redevenir beau? Ces choses-là méritent qu'on y réfléchisse très sérieusement. Je vous ai lancé rapidement toutes ces pensées, mais si vous prenez le temps de bien les comprendre, si vous y réfléchissez attentivement, croyez-moi, il y a là une mine d'or. Je peux en témoigner: la première fois qu'elles me sont venues à l'esprit, j'ai compris tout de suite que j'avais découvert un trésor.

Les expériences agréables rendent la vie délicieuse. Les expériences pénibles permettent de mûrir. Les expériences agréables rendent la vie délicieuse, mais elles ne permettent pas de mûrir. Ce sont les expériences pénibles qui mènent à la maturité. Les souffrances mettent le doigt sur une région en vous-même qui n'a pas encore été développée, une région qui doit mûrir, se transformer, changer. Si vous saviez comment exploiter cette souffrance, ah, quel épanouissement! Mais bornons-nous, pour l'instant, aux souffrances psychologiques, à toutes ces émotions négatives qui vous agitent — sans toutefois perdre trop de temps avec elles. Je vous ai déjà dit ce qu'il convenait de faire de ces émotions; vous savez que vous devez vous méfier de votre déception lorsque les événements ne se déroulent pas comme vous l'escomptiez. Mais voyons ce que cette déception vous apprend sur vous-même. Je vous dis tout ceci sans porter de jugement (sinon vous risqueriez de vous détester). Observez cette déception comme si elle était celle d'une autre personne. *Observez* la déception, la dépression qui vous accable lorsque quelqu'un vous critique. Qu'est-ce que cela vous apprend sur vous-mêmes?

Avez-vous entendu parler de cet homme qui disait: «Qui ose prétendre que les soucis n'aident pas? Bien sûr qu'ils aident. Chaque fois que je me fais du souci à propos de quelque chose, cette chose n'arrive pas!» D'accord, les soucis l'ont certainement aidé, *lui*. Et que dire de cet autre qui déclarait: «Le névrosé est un individu qui se fait du souci à propos de choses qui ne sont pas arrivées dans le passé. Il n'est pas comme nous, les gens normaux, qui nous faisons du souci à propos de choses qui n'arriveront pas dans le futur.» Et voilà le problème. Que vous apprennent sur vous-même votre inquiétude et vos angoisses?

Les sentiments négatifs, tous autant qu'ils sont, sont utiles pour arriver à la conscience, à la compréhension. Ils vous donnent la possibilité de sentir la conscience, de la regarder de l'extérieur. Au début, la dépression sera toujours là, mais vous aurez coupé le contact avec elle. Vous comprendrez petit à petit de quoi elle est faite. Et mieux vous la comprendrez, moins souvent vous l'éprouverez, jusqu'à ce qu'elle finisse par disparaître. Et même si elle ne disparaît pas, cela n'aura plus vraiment d'importance. Avant l'illumination, j'étais souvent déprimé. Après l'illumination, j'ai continué à l'être. Mais petit à petit, ou assez vite, ou soudainement, s'installe l'état d'éveil. Cet état dans lequel on laisse tomber les désirs. Mais rappelez-vous ce que je voulais dire exactement par désirs et besoins insatiables: «Tant que je n'aurai pas obtenu ce que je désire, je refuse d'être heureux.» Je parlais de ces moments où le bonheur dépend de la satisfaction du désir.

Le désir, pas la préférence

Ne supprimez pas le désir, vous ne seriez plus vivant. Vous perdriez votre énergie vitale et ce serait terrible. Le désir, abordé dans son sens le plus sain, signifie énergie, et plus cette énergie est forte, mieux nous nous portons. Ne supprimez donc pas le désir, comprenez plutôt de quoi il est fait. Cherchez moins à satisfaire vos désirs qu'à les comprendre. Ne renoncez pas aux objets de vos désirs, comprenez-les; mettez-les en pleine lumière. Voyez ce qu'ils valent réellement. Si vous supprimez en vous le désir et essayez de renoncer à l'objet de votre désir, vous vous enchaînerez à lui. Tandis que si vous le regardez et le voyez tel qu'il est, si vous comprenez qu'en essayant de le satisfaire vous préparez le terrain pour la misère, la déception et la dépression, votre désir se transformera en ce que j'appelle la préférence.

Lorsque vous traversez la vie avec des préférences sans autoriser aucune d'entre elles à être la condition de votre bonheur, cela signifie que vous êtes réveillé.

Vous vous dirigez vers le réveil total. L'éveil, ou le bonheur — appelez cela comme vous le voudrez — consiste en une absence d'illusion, état qui vous permet non pas de voir les choses en fonction de ce que vous êtes mais en fonction de ce qu'elles sont, dans la mesure où cela est possible à l'être humain. Il faut laisser tomber les illusions, voir les choses telles qu'elles sont, voir la réalité telle qu'elle est. Chaque fois que vous êtes malheureux, vous ajoutez quelque chose à la réalité. Et c'est cette addition qui vous rend malheureux. Je vous le répète: vous ajoutez quelque chose... vous ajoutez votre réaction négative. La réalité procure le stimulus, vous procurez la réaction. Vous ajoutez quelque chose en réagissant. Et si vous examinez cette chose, vous constatez que c'est toujours une illusion, une exigence, une attente, un désir insatiable. Toujours. Les exemples d'illusions abondent. Au fur et à mesure que vous avancerez sur le chemin de la compréhension, vous découvrirez cela par vous-même.

Parlons par exemple de l'illusion, de l'erreur de jugement qui consiste à croire qu'en changeant le monde extérieur *vous* changerez. Vous ne changerez pas si vous vous contentez de changer votre monde extérieur; *vous* ne changerez pas en changeant de métier, de conjoint, de maison, de gourou ou de religion. Croire cela équivaut à croire que l'on change d'écriture en changeant de crayon. Ou que l'on modifie sa capacité de réfléchir en changeant de chapeau. Ces choses-là ne changent rien à ce que vous êtes. Et pourtant la plupart des gens gaspillent toute leur énergie à réaménager leur monde extérieur selon leurs changements de goûts. Ils y arrivent parfois — pour cinq minutes — et ont ainsi un petit répit, mais ils restent tendus néanmoins, car pendant ce temps-là la vie continue à s'écouler, la vie continue à changer.

Si vous voulez vivre, vous ne devez pas vous attendre à disposer d'un abri permanent. Vous ne devez pas espérer trouver un endroit où reposer votre tête. Vous devez suivre le flot de la vie. Le grand Confucius disait: «Celui qui connaîtra un bonheur constant sera celui qui ne cessera de changer.» Le flot de la vie. Mais nous ne cessons de regarder en arrière, n'est-ce pas? Nous nous accrochons aussi bien au passé qu'au présent. «Quand on a commencé à labourer, on ne peut plus regarder en arrière.» Vous voulez écouter une mélodie? Vous voulez écouter une symphonie? Ne vous accrochez pas aux premières mesures. Ne vous accrochez pas à quelques notes. Laissez-les passer, laissez-les couler. Le plaisir que l'on ressent à l'écoute d'une symphonie n'est complet que si l'on est disposé à laisser s'écouler les notes. Mais vous vous laissez prendre par une ligne musicale et criez à l'orchestre: «Recommencez à jouer ce passage, ne jouez que cela!» Et il n'y a plus de symphonie!

Connaissez-vous les contes de Nasr-ed-Din, le vieux mollah? C'est un personnage légendaire que les Grecs, les Turcs et les Perses revendiquent comme étant l'un des leurs. Il dispensait son enseignement sous forme d'histoires, souvent amusantes. Et le héros était toujours Nasr-ed-Din en personne. Le vieil homme gratte un jour sa guitare, s'obstinant à ne jouer qu'une note. Petit à petit, les curieux se rassemblent autour de lui (cela se passe sur la place du marché) et l'un des hommes qui s'est assis pour l'écouter lui dit: «C'est une bien jolie note que tu joues là, Mollah, mais pourquoi ne varierais-tu pas un peu, comme le font les autres musiciens?

— Ces imbéciles, répond Nasr-ed-Din, cherchent la note juste. Moi, je l'ai trouvée.»

S'accrocher aux illusions

Lorsqu'on s'accroche aux illusions, on détruit la vie; lorsqu'on s'attache à quoi que ce soit, on cesse de vivre. C'est écrit partout dans les Évangiles. On ne se débarrasse de ses illusions que lorsqu'on comprend de quoi elles sont faites. Comprenez-les donc. Comprenez aussi que l'exaltation et les sensations agréables n'ont rien à voir avec le bonheur. Croire qu'on ressent une sensation agréable parce qu'on a satisfait un de ses désirs est une autre illusion. Le désir porte en lui l'angoisse, et tôt ou tard il vous donnera la gueule de bois. Vous le comprendrez lorsque vous aurez souffert suffisamment. Vous vous nourrissez de sensations agréables. C'est comme si vous nourrissiez un cheval de course avec des friandises. Comme si vous lui donniez du vin et des gâteaux. Ce n'est pas ainsi qu'on nourrit un cheval de course. Cela équivaut à nourrir un être humain avec des drogues. On ne se remplit pas l'estomac de drogues. On a besoin d'une nourriture solide, adéquate, nutritive; on a besoin de boissons saines. Il est nécessaire que vous compreniez tout cela par vous-même.

Une autre illusion consiste à croire que quelqu'un d'autre peut agir à votre place, qu'un quelconque sauveur, ou un gourou, ou un professeur peut agir à votre place. Le gourou le plus accompli ne peut faire un seul pas à votre place. Vous devez le faire vous-même. Saint Augustin exprimait cela avec une merveilleuse clarté: «Jésus Christ lui-même ne pouvait rien faire pour ceux qui l'écoutaient.» Il y a aussi ce proverbe arabe qui dit: «La nature de la pluie est toujours la même et pourtant elle produit aussi bien des épines dans les marais que des fleurs dans les jardins.» C'est vous qui devez agir. Personne ne peut vous aider. C'est *vous* qui devez digérer votre nourriture, c'est *vous* qui devez comprendre. Personne ne peut comprendre à votre place. C'est *vous* qui devez chercher. Personne ne peut chercher à votre place. Et si ce que vous cherchez est la vérité, alors vous devez agir seul. Vous ne pouvez vous appuyer sur personne.

Une autre illusion vous amène à penser qu'il est nécessaire d'être respectable, aimé, apprécié, d'être important. Il semble que nous ayons un besoin viscéral d'être aimés et appréciés, un besoin d'appartenance. C'est faux. Laissez tomber cette illusion et vous trouverez le bonheur. Nous avons un besoin viscéral d'être libres, un besoin viscéral d'aimer, *non d'être aimés*. Il m'arrive, dans mes groupes de psychothérapie, d'entendre cette déclaration très courante: «Personne ne m'aime, comment pourrais-je être heureux?» Alors j'explique à celui ou à celle qui l'a faite: «Vous voulez dire par là que vous n'avez jamais de moments où vous oubliez que vous n'êtes pas aimé et où vous vous laissez tout simplement aller à être heureux?» Pourtant il arrive qu'ils en aient.

Prenons cette femme, par exemple, qui est complètement absorbée par un film. C'est une comédie. Elle s'amuse tellement, elle rit de si bon cœur qu'elle en oublie, dans ce moment béni, que personne ne l'aime, que personne ne l'aime, que personne ne l'aime. Elle est heureuse! Alors elle sort du cinéma et l'amie qui l'accompagne la quitte pour partir avec son amoureux. Elle reste seule. C'est à ce moment-là qu'elle se dit: «Toutes mes amies ont des amoureux et pas moi. Je suis si malheureuse. *Personne ne m'aime!*»

En Inde, la plupart des pauvres commencent à acquérir des transistors, ce qui est passablement un luxe dans ce pays. «Tout le monde a un transistor et pas moi, je suis si malheureux», entend-on. Ils étaient pourtant parfaitement heureux avant les transistors! C'est pareil pour vous. Vous serez parfaitement heureux tant que personne ne vous aura dit que vous ne pouvez être heureux sans être aimé. Vous pouvez être heureux sans être aimé, sans être désiré ou sans exercer de séduction sur quiconque. Vous pouvez être heureux en entrant en contact avec la réalité. C'est cela qui apporte le bonheur. Un contact constant avec la réalité. C'est alors que vous trouverez Dieu; c'est alors que vous trouverez le bonheur. Mais la plupart des gens ne sont pas prêts à entendre un tel discours.

Une autre illusion consiste à croire que les événements extérieurs ont le pouvoir de vous blesser et que les gens qui vous entourent ont ce même pouvoir. C'est faux. C'est vous qui leur donnez ce pouvoir.

Et ce n'est pas tout, il y a encore l'illusion qui vous pousse à croire que *vous* êtes toutes ces étiquettes que les autres vous ont collées ou que vous vous êtes collées. C'est faux, archi-faux! Cessez donc de vous accrocher à tout cela! Le jour où quelqu'un me dira que je suis un génie et que je prendrai cette déclaration au sérieux, j'aurai un gros problème. Comprenez-vous pourquoi? Parce que je vais commencer à être tendu. Parce qu'il va falloir que je vive en accord avec cette conviction, que je me maintienne à ce niveau. Je vais devoir m'en assurer après chaque conférence: «Vous avez aimé ma conférence? Vous pensez toujours que je suis un génie?» Vous comprenez ce que je veux dire? En conséquence, il faut que vous déchiriez les étiquettes. Déchirez-les! Déchirez-les! Ne vous identifiez pas avec elles. Elles sont le produit de la pensée de quelqu'un d'autre. C'est sous cette étiquette que cet autre vous a vu. Êtes-vous vraiment un génie? Êtes-vous un simple d'esprit? Êtes-vous un mystique? Êtes-vous fou? Quelle importance si vous restez conscient, si vous vivez dans le moment présent. Rappelez-vous ces merveilleuses paroles de l'Évangile: «Regardez les oiseaux du ciel: ils ne sèment ni ne moissonnent, et ils n'amassent rien dans des greniers (...) Considérez comment croissent les lys des champs: ils ne travaillent ni ne filent.» C'est ainsi que parle le mystique, la personne éveillée.

Alors pourquoi être angoissé? Ajouterez-vous, grâce à toutes vos angoisses, une seule minute à votre vie? Pourquoi vous soucier du lendemain? Y a-t-il une vie après la mort? Survivrai-je après la mort? Pourquoi vous soucier du lendemain? Vivez *aujourd'hui*. Quelqu'un a dit: «La vie est ce qui nous arrive pendant que nous sommes occupés à faire d'autres plans.» C'est pathétique. Vivez dans le moment présent. C'est l'une des choses qui vous arrivera lorsque vous vous réveillerez. Vous vous apercevrez que vous vivez dans le présent, que vous en goûtez chaque instant. Un autre bon signe de réveil consiste à être capable d'écouter une symphonie en son entier tout en étant capable d'en entendre chaque note.

Souvenirs lénifiants

Tout cela m'amène à un autre sujet, un autre thème, bien que ce nouveau thème se rattache à tout le reste, notamment à la suggestion que je vous ai faite de prendre conscience de ces choses que nous ajoutons à la réalité. Mais parcourons les étapes une à une.

Un jésuite me disait qu'il avait donné une causerie à New York à l'époque où les Portoricains y étaient très impopulaires à la suite d'incidents dont on les rendait responsables. On ne cessait de les décrier, racontant sur eux toutes sortes d'histoires. Mon ami jésuite avait donc cru bon, dans sa causerie, de dire à son auditoire: «Permettez-moi de vous lire ce que les New-Yorkais disent de certains immigrants.» Et il leur lut ce que des gens avaient dit sur les Irlandais, les Allemands et les autres étrangers qui avaient immigré à New York bien des années auparavant! Puis il exprima sa pensée en ces termes: «Ces gens n'apportent pas la délinquance avec eux; ils deviennent délinquants lorsqu'ils doivent affronter certaines situations. Nous devons nous efforcer de les comprendre. Si vous voulez que la situation s'améliore, évitez de réagir en fonction de préjugés. Les êtres humains ont besoin d'être compris, pas d'être condamnés.»

C'est ainsi que l'on apporte des changements en soi-même. Pas en se condamnant, pas en se traitant de tous les noms, mais en comprenant ce qui se passe en nous. Vous traiter d'ignoble pécheur ne vous avancera à rien. À rien!

Pour atteindre la conscience, il est nécessaire d'ouvrir les yeux. On est incapable de voir lorsqu'on est aveuglé par les préjugés. Nous regardons toutes choses ou presque, et presque tout le monde avec nos préjugés. C'est assez pour décourager n'importe qui.

Je rencontre un vieil ami perdu de vue depuis longtemps. «Hé, Tom, je suis si heureux de te revoir!»

lui dis-je, et je le serre dans mes bras. Qui suis-je en train de serrer dans mes bras, Tom ou le souvenir que j'en ai? Un être humain vivant ou un corps? Je présume qu'il est toujours le gars séduisant que j'ai connu. Je présume qu'il colle encore à l'idée que je me suis faite de lui, qu'il est conforme au souvenir que me fournit ma mémoire. Alors je le serre dans mes bras. Cinq minutes plus tard, je m'aperçois qu'il a changé et je cesse de m'intéresser à lui. L'homme que j'ai serré dans mes bras ne correspond pas à celui de mon souvenir.

Vous voulez voir à quel point un tel comportement est courant? Alors écoutez ceci: Une religieuse indienne décide de faire une retraite. Les sœurs de sa communauté disent: «Cela fait partie de sa personnalité: elle participe toujours à des ateliers et à des retraites, elle ne changera jamais.» Or, il se fait que la sœur change lors de cet atelier, ou de cette retraite, ou de ce groupe de thérapie. Elle change et tous les participants voient la différence. Ils lui disent: «Cette fois, vous avez vraiment découvert des choses, n'est-ce pas?» C'est exact, on peut le constater lorsqu'on observe son comportement, sa manière d'être, l'expression de son visage. On remarque toujours ce genre de détail lorsqu'il y a changement intérieur. On le voit sur le visage, dans les yeux, dans les gestes.

La sœur revient donc dans sa communauté. Mais comme les autres sœurs ont une idée toute faite sur elle, elles continuent à la regarder en fonction de ce préjugé. Elles sont les seules à ne pas voir le changement qui s'est opéré. Elles disent: «Oui, elle a bien l'air un peu plus vive, mais attendons, la dépression va revenir.» Effectivement, quelques semaines plus tard, la sœur *est* déprimée: elle a réagi en fonction de la réaction de ses compagnes. Et celles-ci disent: «Vous voyez, nous l'avions bien dit, elle n'a pas changé.» Ce qui est tragique dans cette histoire, c'est que la sœur avait changé, mais que les autres ne l'avaient pas vu. La perception a des conséquences dévastatrices en matière d'amour et de relations humaines.

Une relation devrait certainement entraîner deux choses: la clarté de la perception (pour autant que nous en soyons capables: certains ne seront pas d'accord sur l'acuité de la perception que l'on peut atteindre, mais personne ne niera qu'il est souhaitable d'essayer) et la précision de la réaction. On est plus susceptible de réagir avec précision quand on perçoit clairement. Lorsque la perception est déformée, on ne peut réagir clairement. Comment pourrait-on aimer quelqu'un que l'on ne voit même pas? Peut-on réellement voir une personne à laquelle on est attaché? Voit-on réellement une personne dont on a peur et qu'on déteste par surcroît? On déteste toujours ce dont on a peur.

«La peur de Dieu est le commencement de la sagesse», disent certaines personnes. Qu'est-ce que cela veut dire? Je me demande si ces gens comprennent le sens de leurs paroles, car ne haïssons-nous pas aussi ce qui nous fait peur? Ne voulons-nous pas toujours nous débarrasser, détruire ce dont nous avons peur? Lorsque vous craignez un individu, vous le détestez. La haine que vous avez pour lui est à la mesure de la peur qu'il vous inspire. Et vous ne *voyez* pas vraiment cette personne, car vos émotions vous en empêchent. Et le contraire est aussi vrai lorsque vous êtes attiré par quelqu'un. Mais lorsque le véritable amour est là, vous cessez d'aimer ou de détester dans l'acception ordinaire des termes. Votre vision devient claire et vos réactions précises. En revanche, lorsque l'amour se place au niveau purement humain, vos amours et vos haines, vos préférences, l'attirance que vous éprouvez pour certaines personnes vous font toujours obstacle. Il faut donc que vous soyez conscient de ces préjugés, de ces amours, de ces haines et de cette attirance. Ils existent, ils découlent de votre conditionnement. Comment pouvez-vous aimer des choses et des êtres que je n'aime pas? Parce que nos cultures sont différentes. Parce que nous n'avons pas reçu la même éducation. Si je vous offrais certains aliments que j'aime tout particulièrement, vous vous en détourneriez peut-être avec dégoût.

Il y a en Inde des gens qui aiment la chair du chien. Mais dans d'autres pays, il y a des individus qui, si on leur apprenait qu'on vient de leur servir un steak de chien, seraient malades de dégoût. Pourquoi? Parce qu'ils n'ont pas reçu le même conditionnement, la même programmation. Un Hindou serait malade si on lui apprenait qu'il vient de manger du bœuf, par contre les Américains adorent cette viande. Vous vous demandez pourquoi les Hindous ne veulent pas manger de la chair de bœuf? Pour la raison qui vous empêche de manger votre chien. Pour la même raison. La vache est au paysan indien ce qu'est votre chien pour vous. Il ne viendrait jamais à l'idée de l'Indien de manger sa vache. Cet interdit culturel garde en vie un animal absolument nécessaire pour l'agriculture et pour l'élevage.

Alors pourquoi devient-on amoureux? Pourquoi tombe-t-on amoureux d'une personne plutôt que d'une autre? Parce que nous sommes conditionnés. Il y a dans notre subconscient une image qui correspond au type de personne qui nous séduit, nous attire. En conséquence, lorsque nous rencontrons un être qui colle à cette image, nous en tombons éperdument amoureux. Mais avons-nous vraiment *vu* cette personne? Non, nous ne la verrons qu'après l'avoir épousée. C'est alors que nous verrons clair! Mais c'est peut-être à ce moment-là que le véritable amour pourra commencer. Tomber amoureux n'a rien à voir avec l'amour. Ce n'est pas l'amour, c'est du désir, un désir brûlant. Vous voulez, de tout votre cœur, que cette adorable créature ne cesse de vous répéter que vous lui plaisez. Cela vous donne une sensation extraordinaire. Et pendant ce temps-là, ceux qui vous entourent disent peut-être: «Mais que peut-il bien lui trouver?» C'est ça le conditionnement: vous ne *voyez* pas. On dit d'ailleurs que l'amour est aveugle. Croyez-moi, il n'y a rien de plus clairvoyant que le véritable amour. L'attachement inconditionnel est aveugle, la dépendance est aveugle. S'accrocher, avoir besoin, désirer quelqu'un signifie être aveugle. C'est le contraire du véritable amour. N'appelez pas cela amour. Bien sûr, le mot a perdu son sens sacré dans la plupart des langues modernes. Les gens parlent de «faire l'amour», de «tomber amoureux». Un petit garçon demande à une petite fille: «Tu es déjà tombée amoureuse?» Elle répond: «Non, mais je suis tombée en amourette.»

Alors que veut dire être amoureux? La première chose est de clarifier notre perception. La raison pour laquelle nous ne voyons pas clairement la personne dont nous sommes tombés amoureux est évidente: nos émotions nous font obstacle, ainsi que notre conditionnement, nos préférences et nos dégoûts. Nous devons nous colleter avec ce fait. Mais nous devons nous colleter également avec des éléments plus fondamentaux: nos idées, nos convictions, nos concepts. Croyez-le ou non, chaque concept créé pour nous permettre d'entrer en contact avec la réalité finit par devenir un obstacle à cette prise de contact, parce que tôt ou tard nous confondons les mots avec la réalité. Le concept n'est pas la réalité. Ce sont deux choses différentes. Je vous ai dit que l'obstacle suprême qui empêche de trouver Dieu est le mot «Dieu» lui-même, le concept de Dieu. Si vous n'êtes pas attentif, il se mettra en travers de votre chemin. Il peut constituer une aide, mais il peut également être un obstacle.

l'idée qu'on se fait de Dieu

Devenir concret

Un concept est une représentation mentale qui peut s'appliquer à des individus en général. Un concept n'est pas un nom, comme Mary ou John, par exemple. Un nom n'a pas de signification conceptuelle. Un concept s'applique à un nombre infini d'individus. Le concept est universel. Le mot «feuille» peut s'appliquer à toutes les feuilles d'un arbre, le même mot servant à nommer chaque feuille en particulier. Il s'applique en outre à toutes les feuilles de tous les arbres de la terre, les grosses, les petites, les jeunes, les desséchées, les jaunes, les vertes... En bref, si je vous disais: «J'ai vu une feuille ce matin», vous n'auriez pas la moindre idée de la forme ou de la couleur qu'a cette feuille.

Voyons si vous pouvez comprendre à l'aide de ce qui va suivre. *Vous avez* une idée de ce que je *n'ai pas* vu: vous savez que je n'ai vu ni un animal, ni un chien, ni un être humain, ni une chaussure. Vous avez une vague idée de ce que j'ai vu, mais cette idée ne spécifie rien; elle ne se réfère pas à quelque chose de concret. «Être humain» ne fait référence ni à un homme primitif, ni à un homme civilisé, ni à un adulte, ni à un enfant, ni à un homme ou à une femme, ni à un âge en particulier, ni à une culture. «Être humain» fait référence au concept d'«être humain». On peut rencontrer un être humain concret, mais vous ne trouverez jamais un être humain universel qui ressemble à votre concept. Ce qui veut dire que si votre concept tend à décrire quelque chose, il n'est jamais précis: il n'est ni concret ni unique. Le concept est universel.

Lorsque je vous présente un concept, je vous donne *un indice*, mais cet indice est si peu de chose. Le concept a une grande valeur, une grande utilité pour la science. Si je dis, par exemple, que les personnes ici présentes sont des animaux, cette déclaration est parfaitement précise si on la considère d'un point de vue scientifique. Mais nous sommes plus que des animaux. Si je dis que Marie-Jeanne est un animal, c'est vrai; mais c'est faux aussi, car en déclarant cela j'ai omis une chose essentielle. J'ai commis une injustice envers Marie-Jeanne. Lorsque j'appelle une personne de sexe féminin une femme, c'est juste, mais il y a dans cette personne un tas de choses qui vont bien au-delà du concept «femme». Elle est cette femme en particulier, cette femme unique, concrète, que l'on peut connaître, mais qui ne peut être conceptualisée. Je dois voir, je dois connaître la personne concrète grâce à mon intuition, je dois la deviner. L'individu peut être deviné grâce à l'intuition; il ne peut être conceptualisé.

La personne se trouve au-delà de l'esprit pensant. Un grand nombre d'entre vous seraient probablement fiers d'être appelés Américains, comme beaucoup d'Indiens seraient fiers d'être appelés Indiens. Mais que représentent les mots «américain» et «indien»? Des conventions. Ils ne font pas partie de votre nature humaine. Ce sont des étiquettes. Ce n'est pas grâce à son nom que vous connaissez une personne. Le concept omet toujours une chose extrêmement importante, une chose précieuse que l'on ne trouve que dans la réalité: l'unicité concrète. Le grand Krishnamurti disait: «Le jour où vous enseignez à l'enfant le nom d'un oiseau, l'enfant cesse à tout jamais de voir cet oiseau.» Quelle vérité dans ces paroles! Lorsque vous aurez dit à l'enfant qui regarde cette chose duveteuse, vivante, palpitante: «Moineau», il dira, lorsqu'il apercevra une autre chose duveteuse, vivante et palpitante dans les airs: «Oh, moineau! J'ai vu des moineaux. Les moineaux m'ennuient.»

Si vous n'observez pas les choses à travers vos concepts, elles ne vous ennuieront jamais. Chaque chose est unique. Chaque moineau, en dépit de ses similarités avec les autres moineaux, est unique. Les similarités permettent d'abstraire, de créer des concepts, elles sont une aide précieuse dans le cadre de la communication, de l'éducation, de la science. Mais elles peuvent induire en erreur et empêcher de voir un individu en particulier, un individu concret. Si vous ne connaissez que votre concept, vous n'entrez pas en contact avec la réalité, car la réalité est concrète. Le concept mène à la réalité, mais lorsqu'on arrive devant elle, il faut la connaître ou la saisir intuitivement.

Une autre caractéristique du concept est que celui-ci est statique alors que la réalité est changeante. Bien que nous utilisions les mots «chutes du Niagara» pour nommer les fameuses cataractes, l'eau qui les constitue est en mouvement constant. On utilise le mot «fleuve» pour des eaux qui ne cessent de couler, le mot «corps» pour un organisme dans lequel les cellules ne cessent de se renouveler. Supposons, par exemple, qu'il y ait un vent terrible et que je veuille représenter à mes compatriotes ce qu'est une tempête ou un ouragan en Amérique. Je capture donc un peu de vent, le place dans une boîte à cigares, puis rentre aux Indes et dis: «Regardez!» Il ne s'agit plus du tout de vent, n'est-ce pas? Une fois capturé, il ne s'agit plus de vent. C'est pareil si je vous ramène de l'eau d'un fleuve dans un seau pour vous faire sentir ce qu'est le courant de ce fleuve. Au moment même où j'ai versé l'eau dans le seau, elle a cessé de couler. C'est ce qui se passe lorsqu'on met les choses en concepts: elles cessent de couler, elles deviennent statiques, immobiles, mortes. Une vague immobile n'est plus une vague. Une vague est mouvement, action; si vous l'immobilisez, elle n'est plus une vague. Les concepts sont toujours immobiles, alors que la réalité coule. Si l'on en croit les mystiques (comprendre ou même croire cela ne pose aucun problème, bien que l'on ne s'en aperçoive pas tout de suite), la réalité *est un tout*, un tout que fragmentent les mots et les concepts. C'est pourquoi traduire est si difficile, chaque langue découpant la réalité différemment. Le mot anglais «*home*» est impossible à traduire en français et en espagnol. «*Casa*» ne veut pas dire «*home*»; il y a dans ce mot anglais des associations d'idées qui sont particulières à la langue. Chaque langue possède des mots et des expressions intraduisibles, ceux qui la parlent découpant la réalité à leur manière, ajoutant ou soustrayant des mots à une langue toujours changeante. La réalité est un tout et nous la découpons en concepts, ensuite nous utilisons les mots pour nommer ces concepts. Si vous n'avez jamais vu un animal de votre vie et que vous trouvez un jour une queue, par exemple, et que quelqu'un vous dise: «C'est une queue», aurez-vous seulement une idée de ce que c'est si vous n'avez aucune idée de ce qu'est un animal?

Les idées fragmentent la vision, l'intuition et la connaissance de la réalité en tant que tout. C'est ce que ne cessent de nous répéter les mystiques. Les mots ne peuvent vous donner la réalité. Ils ne font que désigner, indiquer. Ce sont des signaux permettant d'arriver à la réalité. Mais une fois arrivé à la réalité, on n'a plus besoin des concepts: ils sont devenus inutiles. Un prêtre hindou s'est un jour disputé avec un philosophe qui prétendait que l'obstacle suprême pour trouver Dieu était le mot «Dieu», le concept de Dieu. Le prêtre s'est montré passablement choqué d'entendre cela, mais le philosophe a ajouté: «L'âne qui te ramène chez toi sur son dos n'est pas le moyen grâce auquel tu entres dans la maison. Tu utilises le concept pour rentrer chez toi; puis tu descends de ton âne et tu vas au-delà.» Il n'est pas nécessaire d'être un mystique pour comprendre que la réalité ne peut être capturée avec des mots ou avec des concepts. Pour connaître la réalité, il faut *connaître au delà de la connaissance*.

Ces mots vous rappellent-ils quelque chose? Ceux d'entre vous qui ont lu *Le nuage d'inconnaissance* ont certainement reconnu l'expression. Les poètes, les peintres, les mystiques et les grands philosophes ont tous la certitude intime de la vérité de ces paroles.

Supposons que je regarde un arbre. Jusqu'à aujourd'hui, chaque fois que j'ai vu un arbre, je me suis dit: «C'est un arbre», mais soudain je ne vois plus un arbre, ou du moins je ne vois plus ce que je voyais auparavant. Je le vois avec la naïveté d'un petit enfant. Je n'ai pas de mots pour le nommer. Je vois quelque chose d'unique, d'entier, quelque chose qui bouge, une chose non fragmentée. Et je suis saisi d'émerveillement. Et si l'on me demande: «Que voyez-vous?», je ne peux répondre car je n'ai pas de mots pour nommer ce que je vois. Il n'y a pas de mots pour la réalité. Aussitôt que nous lui collons des mots, elle redevient concept.

Si je ne puis exprimer cette réalité perçue par mes sens, comment exprimer alors ce qui ne peut être vu ou entendu? Quel mot pourrait exprimer la réalité de Dieu? Comprenez-vous ce que saint Thomas d'Aquin et saint Augustin voulaient dire, ce que l'Église veut dire lorsqu'elle enseigne que Dieu est un mystère inaccessible au cerveau humain?

Une des dernières lettres de Karl Rahner s'adressait à un jeune drogué allemand qui l'avait appelé à l'aide. Le jeune homme lui avait écrit: «Vous, les théologiens, vous parlez toujours de Dieu, mais comment ce Dieu pourrait-il jouer un rôle dans ma vie? Comment Dieu pourrait-il m'arracher à la drogue?» Alors Rahner lui avait répondu: «En toute honnêteté, je vous dirai que pour moi Dieu est et a toujours été un mystère absolu. Je ne comprends pas ce qu'est Dieu, personne ne le peut. Nous avons bien une vague idée, quelques indices; nous nous efforçons maladroitement, inadéquatement, de mettre ce mystère en mots. Mais il n'existe aucun mot, aucune phrase qui conviennent.» S'adressant à un groupe de théologiens à Londres, Rahner leur disait: «Le devoir du théologien est de tout expliquer par l'existence de Dieu, et d'expliquer Dieu comme étant inexplicable.» Mystère total. On ne sait rien, on ne peut rien dire. On se contente d'onomatopées.

Les mots suggèrent, ils ne décrivent pas. Ce qui est tragique dans tout cela, c'est que des gens tombent dans l'idolâtrie parce qu'ils croient que là où Dieu est en cause, le mot est la solution. Comment peuvent-ils être aussi insensés? Même lorsque les êtres humains, les arbres ou les animaux sont en cause, le mot n'est pas la solution. Et vous prétendez que lorsque Dieu est en cause le mot est la solution? Qu'entendez-vous par là? Un érudit bien connu, spécialiste des Écritures, assistait un jour à une session comme celle-ci à San Francisco. Il me dit: «Mon Dieu, après vous avoir écouté, je réalise que j'ai passé ma vie à adorer une idole. Elle n'était pas faite d'or ou de métal, mais c'était une représentation mentale.» Ce sont les adorateurs d'idoles les plus dangereux. Ils utilisent, pour fabriquer leur propre Dieu, une substance très subtile.

Je veux dire par là que vous devez prendre conscience de la réalité qui vous entoure. Être conscient signifie regarder, observer ce qui se passe en vous et autour de vous. Plus précisément ce qui «bouge» en vous et autour de vous. Les arbres, l'herbe, les fleurs, les animaux, les pierres, tout ce qui est réel bouge. Il faut regarder, observer ce mouvement. Il est essentiel que l'être humain observe, en plus de sa propre réalité, *toute* la réalité qui l'entoure. Êtes-vous prisonnier de vos concepts? Voulez-vous vous évader de votre prison? Alors *regardez*, observez, n'ayez pas peur de passer des heures à observer. Regarder quoi? *Tout*. Les visages, les arbres, un oiseau en vol, un tas de pierres, l'herbe qui pousse. Entrez en contact avec les choses, regardez-les. Avec un peu de chance, vous briserez tous les modèles rigides que vous avez construits avec ces mots et ces idées qui ont pris le pas sur vos perceptions. Avec un peu de chance, vous les «verrez». Que verrez-vous alors? Cette chose que nous avons nommée «réalité», cette chose qui est au-delà des mots et des concepts. Il s'agit là d'un exercice *spirituel* — lié à la spiritualité — lié à l'évasion de la cage, à l'évasion de la prison des concepts et des mots.

Comme il serait triste de parcourir la vie sans jamais la voir avec des yeux d'enfant. Ce qui ne veut pas dire qu'il faut laisser tomber tous les concepts; ceux-ci peuvent être très précieux. Bien que nous commencions notre existence sans eux, les concepts ont une fonction très positive. C'est grâce à eux que nous développons notre intelligence. En les abandonnant, nous ne redeviendrons pas des enfants, nous serons *comme* des enfants. Il s'agit en fait de quitter d'abord le stade de l'innocence et de sortir du paradis, de développer ensuite un «je» et un «moi» par le biais de nos concepts, et de retourner alors au paradis, d'être de nouveau rachetés. Nous devons nous défaire du vieil homme, de la vieille nature, du vieux moi conditionné et revenir à l'état d'enfance, mais tout cela *sans être* un enfant. Lorsque nous commençons notre vie, nous regardons la réalité avec émerveillement, mais cet émerveillement n'est pas celui des mystiques, qui fait appel à l'intelligence, c'est l'émerveillement informe de l'enfant. Puis, quand nous développons notre langage, nos mots et nos concepts, notre émerveillement se dissipe et est remplacé par l'ennui. Ensuite, avec notre volonté et un peu de chance, l'émerveillement reprend sa place.

Ne pas trouver les mots

Dag Hammarskjöld, l'ex-secrétaire général des Nations-Unies, disait avec beaucoup de finesse: «Dieu ne meurt pas le jour où nous cessons de croire à une divinité personnelle. C'est nous qui mourons le jour où notre vie cesse d'être illuminée par le rayonnement d'un émerveillement chaque jour renouvelé, source de ce qui est au-delà de toute raison.» «Dieu» n'est qu'un mot, un concept, il n'y aucune raison de se quereller pour un concept. On ne se querelle jamais à propos de la réalité, on se querelle pour des opinions, des concepts, des jugements. Laissez tomber vos concepts, vos opinions, vos jugements et vous comprendrez.

«Quia de Deo scire non possumus quid sit, sed quid non sit, non possumus considerare de Deo, quomodo sit sed quomodo non sit.» C'est là l'introduction de saint Thomas d'Aquin à sa *Summa Theologica.* «Étant donné que nous ne pouvons pas savoir ce que Dieu est, mais seulement ce que Dieu n'est pas, nous ne pouvons considérer comment est Dieu, nous pouvons seulement considérer comment Il n'est pas.» J'ai déjà mentionné le commentaire de Thomas concernant le *De Sancta Trinitate* de Boetius, dans lequel il dit que le degré le plus élevé de connaissance de Dieu est de le connaître comme l'inconnu, *tamquam ignotum.* Et dans *Quæstio Disputata de Potentia Dei*, Thomas dit: «C'est le point ultime dans la connaissance humaine de Dieu: savoir qu'on ne le connaît pas.» Cet homme était considéré comme le prince des théologiens. C'était un mystique. Il a été canonisé. Nous nous tenons là sur un terrain solide.

En Inde, nous avons une expression en sanskrit pour cette sorte de choses: «*neti, neti*». Cela veut dire: «Ce n'est pas cela, ce n'est pas cela». On parlait de la méthode de Thomas comme de la *via negativa*, la voie négative. C. S. Lewis a tenu un journal quotidien pendant que sa femme se mourait. Il l'a intitulé: *A Grief Observed* (Regard sur une souffrance). Lorsqu'il avait épousé cette Américaine qu'il aimait tendrement, il avait dit à ses amis: «Dieu m'a donné dans ma soixantaine ce dont il m'a privé dans la vingtaine.» Le couple était à peine marié que l'épouse se mourait d'un cancer après une pénible agonie. Lewis raconte que sa foi s'est écroulée comme un château de cartes. Lui, le grand apologiste chrétien, s'était demandé, lorsque le destin l'avait frappé: «Dieu est-il un père aimant ou le grand maître de la vivisection?» Il est bien prouvé qu'il est l'un et l'autre. Lorsque ma mère fut atteinte elle aussi d'un cancer, ma sœur m'a demandé: «Tony, pourquoi Dieu a-t-il permis que cela arrive à maman? — Ma chère, lui ai-je répondu, l'année dernière, un million de personnes sont mortes de faim en Chine et tu ne m'as jamais posé la question.»

La meilleure chose qui puisse nous arriver, parfois, est de nous éveiller à la réalité; ce qui peut arriver lorsque la catastrophe nous frappe. Alors nous remettons notre foi en question, comme l'a fait C. S. Lewis. Il raconte qu'il n'avait jamais eu aucun doute sur la vie éternelle jusqu'à ce que sa femme meure. C'est alors qu'il avait perdu sa certitude. Pourquoi? Parce qu'il était si important pour lui qu'elle soit vivante. Lewis, vous le savez, était un maître dans le maniement de la comparaison, de l'analogie. Il disait: «C'est comme une corde. Quelqu'un vous demande: "Cette corde peut-elle supporter un poids de cent vingt livres?" et vous répondez par l'affirmative. Alors la même personne ajoute: "Eh bien, dans ce cas, nous allons faire marcher votre meilleur ami sur cette corde. — Attendez, dites-vous, nous allons d'abord tester la solidité de cette corde!" Tout à coup, vous n'êtes plus sûr de rien.»

Dans son journal, Lewis écrit que nous ne pouvons rien connaître de Dieu et que même nos questions à Son propos sont absurdes. Pourquoi? C'est comme si un aveugle vous demandait: «La couleur verte est-elle chaude ou froide?» *Neti, neti*, ce n'est pas cela, ce n'est pas cela. «Est-elle longue ou courte?» Ce n'est pas cela. «Est-elle douce ou acide?» Ce n'est pas cela. «Est-elle ronde, ovale ou carrée?» Ce n'est pas cela, ce n'est pas cela. L'aveugle n'a ni mots, ni concepts pour une couleur dont il n'a aucune idée, aucune intuition, aucune expérience. Vous ne pouvez lui parler de cette couleur que par analogie. Quelle que soit sa question, vous pouvez seulement lui dire: «Ce n'est pas cela.» C. S. Lewis dit quelque part que cela équivaut à demander combien il y a de minutes dans la couleur jaune. On pourrait tous prendre la question très au sérieux, en discuter, se quereller à son propos. Une personne suggère qu'il y a vingt-cinq carottes dans la couleur jaune, une autre réplique: «Non, il y a dix-sept pommes de terre», et elles commencent à se disputer. Ce n'est pas cela, ce n'est pas cela!

C'est cela l'étape ultime dans notre connaissance humaine de Dieu: savoir que nous ne savons pas. Notre grande tragédie est que nous en savons trop. Nous *croyons* que nous savons, c'est là notre tragédie; car cela nous empêche de découvrir. En fait, Thomas d'Aquin (théologien mais aussi grand philosophe) répétait sans cesse: «Tous les efforts d'un cerveau humain ne pourraient pas arriver à connaître la nature d'une simple mouche.»

Le conditionnement culturel

J'ai d'autres choses à vous dire à propos des mots. Je vous ai déjà parlé de leurs limites. Mais il y a plus important. Il existe des mots qui ne correspondent à *rien*. Par exemple: Je suis Indien. Supposons maintenant que je sois prisonnier de guerre au Pakistan et que l'on me dise: «Aujourd'hui, nous allons vous emmener à la frontière. De là, nous allons regarder votre pays.» On m'emmène donc à la frontière et, de là, je regarde mon pays et je pense: «Oh, mon pays, mon beau pays! Je vois tes villages, tes arbres et tes collines. Mon pays, mon pays natal!» Quelque temps après, un des gardes me dit: «Excusez-moi, nous avons fait une erreur. Nous aurions dû avancer une quinzaine de kilomètres plus loin.» À quoi ai-je réagi ce jour-là? À rien. Je me concentrais sur un mot: Inde. Mais les arbres ne sont pas l'Inde; les arbres sont les arbres. En fait, il n'y a ni frontières ni limites. Elles ont été placées par le cerveau humain, en général par des politiciens idiots et cupides. Il fut un temps où mon pays ne faisait qu'un; aujourd'hui, il est divisé en quatre. Si nous n'y prenons pas garde, il pourrait bientôt se diviser en six. Nous aurons alors six drapeaux, six armées. C'est pourquoi vous ne me prendrez jamais à saluer un drapeau. J'exècre tous les drapeaux car ils ne sont que des idoles. Que devons-nous saluer? Nous devons saluer l'humanité, pas un drapeau entouré d'une armée.

Les drapeaux sont dans la tête des gens. Notre

vocabulaire contient des milliers de mots qui ne correspondent pas du tout à la réalité. Mais quelle émotion ils suscitent chez ceux qui les entendent ou les prononcent! Nous voyons alors des choses qui n'existent pas. Nous *voyons* des montagnes indiennes qui n'existent pas, nous voyons des Indiens qui n'existent pas. Votre conditionnement américain existe. Mon conditionnement indien existe. Mais ce n'est pas la meilleure des choses qui soient. De nos jours on parle beaucoup de l'acculturation des pays du Tiers-Monde. Mais qu'est-ce que la culture? Ce mot-là ne me satisfait pas beaucoup. Veut-il dire que vous aimez faire certaines choses parce que vous avez été conditionné à les faire? Que vous aimez éprouver certains sentiments parce que vous avez été conditionné à les éprouver? Ces réactions ne sont-elles pas machinales? Imaginez un bébé américain adopté par un couple russe et emmené en Russie. Il ignore totalement qu'il est né aux États-Unis. On lui apprend donc le russe; il vit et est prêt à mourir pour sa mère Russie. Il hait les Américains. Cet enfant est imprégné de la culture dans laquelle il a été élevé; il baigne dans la littérature de son pays d'adoption; il regarde le monde avec les yeux de sa culture. Pourquoi? Si vous voulez porter votre culture comme vous portez vos vêtements, pourquoi pas? L'Indienne porte un sari, l'Américaine une toilette à la mode et la Japonaise un kimono. Personne ne s'identifie aux vêtements. Par contre, on veut porter sa culture avec détermination. On est fier de sa culture. On nous enseigne cette fierté.

Permettez-moi de vous exprimer cela avec plus de vigueur encore. Un ami jésuite m'a dit: «Chaque fois que je vois un mendiant ou un miséreux, je ne peux m'empêcher de lui faire l'aumône. C'est à cause de ma mère.» En fait, sa mère offrait un repas à tous les pauvres qui passaient devant chez elle. J'ai répondu à cet ami: «Joe, cette manière d'agir n'a rien à voir avec la vertu, ta conduite est tout simplement compulsive. C'est tant mieux pour le mendiant, mais cela n'en est pas moins une conduite compulsive.» Je me souviens d'un autre jésuite qui, lors d'une réunion privée de membres de notre province à Bombay nous disait: «J'ai quatre-vingts ans. Je suis jésuite depuis soixante-cinq ans et je n'ai jamais manqué mon heure de méditation,— jamais.»

C'est sans doute admirable, mais son comportement était peut-être compulsif. Un comportement machinal est sans grand mérite. La beauté d'une action ne procède pas de l'habitude que l'on a de la poser mais de la sensibilité, de la conscience, de la clarté de la perception et de la précision de la réaction qui nous habitent lorsqu'on la pose. Je peux faire la charité à un mendiant et décider de ne pas la faire à un autre. Je ne suis pas forcé d'agir en fonction du conditionnement ou de la programmation auxquels j'ai été soumis dans mon passé ou dans ma culture. Personne ne m'a imprégné de quoi que ce soit, et si on l'a fait, je ne réagis plus en fonction de ce conditionnement. Si vous avez eu des problèmes avec un Américain, ou si vous avez été mordu par un chien, ou si vous avez été malade après avoir absorbé un certain type de nourriture, vous resterez marqué toute votre vie par cette mésaventure. C'est très regrettable! Il faut que vous vous débarrassiez de ce sentiment. Ne vous laissez pas encombrer par les mauvais souvenirs. En fait, ne vous laissez pas non plus encombrer par les bons. Apprenez à vivre pleinement un moment, puis oubliez-le et passez à un autre sans être influencé par le premier. Vous voyagerez ainsi avec si peu de bagage que vous pourrez passer par le chas d'une aiguille. Vous saurez alors ce qu'est la vie éternelle, car la vie éternelle est dans le *présent*, dans le *présent* éternel. C'est à cette condition que vous entrerez dans la vie éternelle. Mais nous transportons tant de choses avec nous! Nous avons tant de difficulté à nous libérer, à nous décharger de nos bagages, à être nous-mêmes. Partout où je vais je vois des musulmans utiliser leur religion, leur culte et leur Coran pour se distraire de cette tâche. Et la même réflexion s'applique aussi bien aux chrétiens et aux hindous.

Imaginez un être humain qui ne vivrait plus sous l'influence des mots. Vous pourriez le noyer sous les mots qu'il vous traiterait encore comme vous le méritez. Vous pourriez lui dire: «Je suis le cardinal ou l'archevêque Untel», et il vous traiterait comme vous le méritez; il vous verrait tel que vous êtes. Il ne serait pas influencé par votre étiquette.

La réalité filtrée

Quelques mots encore sur notre perception de la réalité. Permettez-moi d'utiliser une analogie. Le président des États-Unis doit connaître l'avis des citoyens américains à l'égard de sa politique. Le pape doit connaître le sentiment de tous les catholiques. Il existe pour cela des statistiques établies à l'aide des réponses faites à des milliers de questions, mais celles-ci sont trop nombreuses pour que le pape et le président puissent en prendre connaissance, encore moins les assimiler. En conséquence, ils sont entourés de gens de confiance qui mettent tout cela en chiffres, synthétisent contrôlent, trient les informations. Et quand tout est terminé, le pape et le président reçoivent les conclusions de ces travaux. C'est ce qui nous arrive à nous aussi. Chaque pore, chaque cellule de notre organisme, nos cinq sens nous disent ce qu'est la réalité. Mais nous ne cessons de filtrer ces informations. Qu'est-ce qui nous pousse à cela? Notre conditionnement? Notre culture? Notre programmation? La manière dont on nous a appris à voir les choses et à négocier avec elles? Notre langue elle-même peut filtrer. On filtre tellement que parfois on ne voit plus ce qui nous entoure. Ne reste plus qu'un paranoïaque qui se sent constamment menacé par des choses qui n'existent pas, qui ne cesse d'interpréter la réalité en fonction d'expériences passées ou d'un conditionnement.

Mais il existe un autre mal, qui filtre lui aussi.

C'est l'attachement, le désir, le besoin incoercible. La source de la tristesse est dans le besoin. Le besoin déforme et détruit la perception. Les peurs et les désirs nous obsèdent. Samuel Johnson disait: «Savoir qu'il va monter sur l'échafaud aiguise l'esprit du condamné. L'esprit d'un homme se concentre étonnamment lorsque ce dernier se sait condamné à monter sur l'échafaud.» On efface tout le reste et on ne se concentre plus que sur la peur, ou sur le désir, ou sur le besoin. D'une certaine manière, nous avons été drogués pendant notre jeunesse. Notre éducation nous a appris à avoir besoin des autres. Pourquoi ce besoin? Pour être accepté, approuvé, apprécié, applaudi — pour obtenir ce que l'on appelle la réussite. Ce sont là des mots qui ne correspondent pas à la réalité. Ce sont des conventions, des inventions, et nous ne nous rendons même pas compte que ces illusions ne correspondent pas à la réalité. Qu'est-ce que la réussite? C'est ce qui est appelé réussite par un groupe d'individus. Un autre groupe peut appeler cette même réussite échec. Ce qui est bon à Washington peut être considéré comme mauvais dans un monastère de chartreux. Un succès remporté par un groupement politique pourrait être considéré comme un échec par un autre groupement. Tout est subordonné aux conventions. Mais nous traitons ces conventions comme des réalités, n'est-ce pas? En nous répétant, dans notre enfance et notre adolescence, que le bonheur dépend de l'argent, de la réussite, d'un conjoint séduisant, d'un travail intéressant, de l'amitié, de la spiritualité, de Dieu, on nous a programmés pour le malheur. On nous a dit que nous ne pouvions être heureux sans toutes ces choses. Être attaché à quelque chose ou à quelqu'un consiste à croire qu'on ne peut être heureux si on est privé de cette chose ou de cette personne. Une fois convaincu de cela — et cette conviction s'imprime dans votre subconscient, elle s'accroche aux racines de votre être —, vous êtes condamné.

«Comment pourriez-vous être heureux si vous n'étiez pas en bonne santé?» me demande-t-on. Je vais vous le dire. J'ai rencontré des gens qui se mouraient du cancer et qui étaient heureux. Comment pouvaient-ils être heureux alors qu'ils savaient que leur mort était proche? Ils l'étaient, tout simplement. «Comment pourrais-je être heureux sans argent?» Tandis qu'un individu possède un million de dollars en banque et souffre d'insécurité, un autre individu n'a pas un sou et se sent parfaitement bien. Ce premier a tout simplement été programmé différemment, c'est aussi simple que cela. Exhorter le premier à lutter contre son sentiment d'insécurité est inutile, il faut d'abord qu'il comprenne pourquoi il éprouve ce sentiment.

Les exhortations ne sont pas très efficaces. Il faut tout d'abord comprendre que l'on a été programmé, que notre conviction est fausse. Il faut voir cette conviction comme une erreur, comme un fantasme. Que font les individus pendant toute leur vie? Ils ne cessent de se battre, encore et toujours. C'est ce qu'ils appellent survivre. Lorsque l'Américain moyen déclare qu'il gagne sa vie, il entend par là qu'il gagne beaucoup plus que sa vie, c'est un fait certain! Les Américains possèdent beaucoup plus que ce dont ils ont besoin pour vivre. Allez dans mon pays et vous comprendrez ce que je veux dire. A-t-on besoin d'une voiture pour vivre? A-t-on besoin d'un poste de télévision pour vivre? A-t-on besoin de produits de beauté pour vivre? A-t-on besoin d'un tas de vêtements pour vivre? Mais essayez de convaincre l'Américain moyen que toutes ces choses sont inutiles! On les a endoctrinés; on les a programmés. Alors ils travaillent et font tout ce qu'ils peuvent pour obtenir les gadgets qui vont les rendre heureux. Écoutez cette histoire pathétique. C'est votre histoire, mon histoire, l'histoire de tout le monde: «Tant que je n'aurai pas cela, (argent, amis, voiture, etc.), je ne serai pas heureux; il faut que je me batte pour obtenir cela et, quand je l'aurai, je vais me battre pour le garder. Je ressens un sentiment agréable mais passager. Oh, je suis si content, j'ai obtenu ce que je voulais!» Mais combien de temps cela durera-t-il? Quelques minutes. Quelques jours tout au plus. Une fois propriétaire de votre nouvelle voiture, combien de temps votre plaisir durera-t-il? Jusqu'à ce que votre attachement soit menacé.

La vérité, c'est qu'on se fatigue des sensations agréables. On nous a dit que la *prière* était l'essentiel; on nous a dit que *Dieu* était l'essentiel; on nous a dit que *l'amitié* était l'essentiel. Et comme nous ne savons pas ce qu'est la prière, et ce qu'est Dieu, et ce qu'est l'amitié, nous leur accordons une énorme importance. Mais après un temps, tout cela nous ennuie — prier nous ennuie, Dieu nous ennuie, l'amitié nous ennuie. N'est-ce pas pathétique? Et il n'y a aucun moyen de s'en sortir, aucun moyen. C'est le seul modèle que nous ayons pour être heureux. On ne nous en pas donné d'autre. Notre culture, notre société et — je suis désolé de vous dire cela — même notre religion ne nous ont donné aucun modèle. Supposons que vous ayez été nommé cardinal. Quel grand honneur! Honneur? Avez-vous dit honneur? Vous avez utilisé un mot inadéquat. Maintenant tout le monde va aspirer à cette charge. Vous êtes tombé dans ce que l'Évangile appelle «le monde» et vous allez y perdre votre âme. Le monde, le pouvoir, le prestige, le gain, le succès, les honneurs n'existent pas. Vous gagnez le monde mais vous perdez votre âme. Votre vie entière est vide, inhumaine. Il n'y a aucune valeur dans tout cela. Il n'y a qu'un moyen de vous débarrasser de ces illusions, c'est de vous déprogrammer. Comment arriverez-vous à vous déprogrammer? Vous ne changerez pas par un simple effort de volonté, vous ne changerez pas grâce à vos idéaux, vous ne changerez pas en changeant vos habitudes. Votre comportement peut changer sans que vous changiez vous-même. Vous ne changerez qu'en prenant conscience, en comprenant qui vous êtes et ce qui vous entoure. Lorsque vous verrez qu'une pierre est une pierre et un bout de papier un bout de papier, vous ne croirez plus que cette pierre est un diamant et que le bout de papier est un chèque d'un milliard de dollars. Lorsque vous les verrez tels qu'ils sont, vous changerez. Il n'y aura plus aucune violence dans vos tentatives en vue de changer. Pour l'instant, ce que vous appelez changement équivaut à changer les meubles de place. C'est votre comportement qui change, pas *vous*.

Le détachement

Le seul moyen de changer est de changer votre compréhension des choses. Mais qu'est-ce que cela veut dire? Comment y arriver? Voyez comme nous sommes asservis par diverses attaches. Nous nous efforçons de réaménager le monde afin de conserver ces attaches, car le monde est une menace constante pour elles. J'ai peur que mon ami cesse de m'aimer; il pourrait donner son amitié à quelqu'un d'autre. Il faut que je sois séduisant afin de conquérir cette personne. On m'a conditionné à croire que j'ai besoin de l'amour de cet homme, de cette femme. C'est absolument faux. Je n'ai besoin de l'amour de personne. Tout ce dont j'ai besoin c'est d'entrer en contact avec la réalité. J'ai besoin de m'évader de ma prison, de ma programmation, de mon conditionnement, de mes fausses croyances, de mes fantasmes; j'ai besoin d'entrer dans la réalité. La réalité est belle; la réalité est un ravissement absolu. La vie éternelle est dans le présent. Nous sommes entourés par elle, comme les poissons de l'océan, et nous ne le savons pas. Nous sommes trop distraits par nos attaches. Temporairement, le monde s'aménage pour s'adapter à nos attachements, alors nous nous disons: «Magnifique! Mon équipe a gagné!» Mais attendez, cela va changer. Demain vous tomberez dans le dépression. Pourquoi nous obstinons-nous à vivre comme cela?

Je vous propose un petit exercice (il ne vous prendra que quelques minutes): pensez à une chose que vous aimez ou à quelqu'un à qui vous êtes attaché. En d'autres mots, pensez à une chose ou à une personne qui vous paraît indispensable à votre bonheur. Votre travail, votre carrière, votre position, un ami, de l'argent... Maintenant, dites à cette situation ou à cette personne: «Je n'ai vraiment pas besoin de toi pour être heureux. Je ne fais que me duper moi-même en croyant que je ne puis être heureux sans toi. Tu n'es vraiment pas nécessaire à mon bonheur. Je peux être heureux sans toi. Tu n'es ni mon bonheur ni ma joie.» Si l'objet de votre attachement est une personne, il ou elle ne sera pas très content d'entendre cela, mais que cela ne vous dissuade pas. Vous pouvez aussi prononcer ces paroles dans le secret de votre cœur. Quoi que vous fassiez, vous entrerez en contact avec la vérité; vous pulvériserez un fantasme. Le bonheur est un état libre de toute illusion, un état que l'on obtient en se débarrassant de ses illusions.

Un autre exercice. Pensez à cette époque où vous aviez le cœur brisé et étiez convaincu que vous ne pourriez plus jamais être heureux (après la mort d'un mari, ou d'une épouse, ou lorsqu'un ami vous a retiré son amitié, ou lorsque vous avez fait faillite). Que s'est-il passé ensuite? Le temps s'est écoulé. Si vous vous êtes attaché à quelqu'un d'autre ou vous êtes senti attiré par quelqu'un ou quelque chose d'autre, qu'est-il arrivé à votre attachement précédent? Vous avez constaté que vous n'en aviez pas vraiment besoin pour être heureux, n'est-ce pas? Vous auriez dû tirer une leçon de cette expérience, mais nous n'apprenons jamais. Nous sommes programmés, conditionnés. Combien il serait libérateur d'être débarrassé de toute dépendance émotionnelle ou matérielle! Si vous pouviez vraiment comprendre cela, ne fût-ce que quelques secondes, vous vous évaderiez de votre prison et apercevriez le ciel. Et peut-être un jour seriez-vous capable de voler.

Un jour, je me suis adressé à Dieu — non sans une sorte de crainte — et je Lui ai déclaré que je n'avais pas besoin de Lui. Mon premier réflexe avait été de me dire: «Tout cela est contraire à ce qu'on m'a enseigné.» Il y a des gens qui veulent mettre leur attachement à Dieu à part. Ils disent: «Si Dieu est le Dieu que selon moi Il doit être, Il n'aimera pas du tout que je me détache de Lui!» Très bien, mais si vous pensez que vous ne pouvez être heureux sans Dieu, cela veut dire que ce «Dieu» auquel vous pensez n'a rien à voir avec le vrai Dieu. Vous pensez à une entité dont vous rêvez, vous pensez à votre concept. Il faut parfois se débarrasser de ce Dieu-là pour trouver Dieu. C'est ce que nous disent les mystiques.

Nous avons été si aveuglés que nous n'avons pu découvrir cette vérité fondamentale: l'attachement, plutôt que d'améliorer une relation, lui fait du tort. Je me souviens de ma peur lorsque j'ai dû dire à un ami intime: «Je n'ai vraiment pas besoin de toi. Je peux être parfaitement heureux sans toi. Et maintenant que je t'ai déclaré cela, je suis en mesure de jouir entièrement de ta compagnie — sans angoisse, sans jalousie, sans me sentir possessif, sans m'accrocher. C'est un plaisir ineffable d'être avec toi maintenant que je suis débarrassé de ce besoin de m'accrocher. Tu es libre et je suis libre.» Je suis persuadé que pour certains d'entre vous, tout ceci est aussi incompréhensible qu'une langue étrangère. Cela m'a pris des mois, de nombreux mois pour le comprendre moi-même. Je suis pourtant jésuite, c'est-à-dire quelqu'un dont les exercices spirituels s'inscrivent dans cette ligne de pensée, même si j'ai pris un départ erroné parce que ma culture et la société dont je fais partie m'ont enseigné à considérer les êtres en termes d'attachement.

Parfois, cela m'amuse d'entendre des gens censés être objectifs, comme des thérapeutes ou des directeurs spirituels par exemple, dire de quelqu'un: «C'est un homme extraordinaire, je l'aime vraiment beaucoup.» J'ai découvert qu'on a tendance à aimer ceux qui vous aiment. Je regarde en moi-même et il m'arrive encore d'y trouver les mêmes sentiments. Lorsqu'on aime les louanges, les compliments, on a tendance à voir les gens comme des menaces ou des protecteurs de ces choses auxquelles on tient tellement. Si vous étiez un politicien et vouliez être élu, comment verriez-vous les gens, quels sentiments domineraient votre intérêt pour eux? Vous seriez préoccupé par l'électeur en puissance. Si vous étiez intéressé par les relations sexuelles, quel regard porteriez-vous sur les personnes de l'autre sexe? Si vous étiez attaché au pouvoir, cet attachement colorerait votre vision de l'être humain. L'attachement détruit la capacité d'aimer. Qu'est-ce que l'amour? L'amour est sensibilité, l'amour est conscience. Un exemple: j'écoute une symphonie, mais si je n'entends que le bruit des tambours, cela veut dire que je n'entends pas la symphonie. Qu'est-ce qu'un cœur aimant? Un cœur aimant est un cœur qui est sensible à la totalité de la vie et à tous les êtres. Un cœur aimant ne se durcit jamais envers un individu ou envers quoi que ce soit. Mais lorsqu'on est attaché dans le sens où je l'entends, on se coupe de tout ce qui nous entoure. On n'a plus d'yeux que pour l'objet de notre attachement, on n'a plus d'oreilles que pour les tambours; notre cœur s'est endurci. En outre, nous vivons en aveugles incapables de voir objectivement l'objet de notre attachement. L'amour entraîne la clarté de la perception et l'objectivité. Rien n'est plus clairvoyant que l'amour.

L'amour dépendant

Le cœur qui aime est doux et sensible. Mais lorsqu'on s'acharne à vouloir *posséder* ceci ou cela, on devient cruel, dur, insensible. Comment pourrait-on aimer quelqu'un dont on a besoin? On ne peut que l'utiliser. Si j'ai besoin de vous pour être heureux, alors je suis obligé de me servir de vous, je dois vous manipuler, je dois trouver les moyens de vous gagner et de vous garder. Je ne peux vous laisser libre. Pourtant, on ne peut aimer les autres que lorsqu'on les a écartés de sa vie. Lorsque meurt ce besoin qu'on a des autres, on a d'abord l'impression de se trouver en plein désert; cela peut paraître affreux, on se sent seul, mais si l'on peut supporter cette impression pendant un certain temps, on finit par découvrir qu'on n'est pas du tout seul. Le désert de notre solitude commence à fleurir. Et on finit par savoir ce qu'est l'amour, ce qu'est Dieu, ce qu'est la réalité.

Bien sûr, abandonner notre drogue peut être douloureux, à moins bien sûr que l'on aie une compréhension très aiguë de ce qui se passe ou qu'on ait déjà souffert. C'est une bonne chose que la souffrance. Ce n'est que lorsqu'on a connu la souffrance que l'on peut s'en fatiguer. Alors on peut l'utiliser pour s'en débarrasser. Mais la plupart des gens se contentent tout simplement de souffrir. Ce qui explique le conflit qui oppose parfois, en moi, le directeur spirituel au thérapeute. Le thérapeute se dit: Soulageons cette souffrance, tandis que le directeur spirituel pense: Laissons-la souffrir, elle finira par en avoir assez du type de relation qu'elle entretient avec les autres et finira par s'évader de la prison de cette dépendance émotionnelle. Vais-je offrir un palliatif ou ôter la tumeur maligne? C'est une décision difficile à prendre.

Une personne jette un livre sur une table avec dégoût. Laissons-la faire. Ne ramassons pas le livre en lui disant de ne pas se faire de souci. La spiritualité est conscience, je ne le répéterai jamais assez. Lorsque votre mère était en colère contre vous, elle ne disait pas qu'*elle* avait un problème, elle disait que *vous* en aviez un; si *elle* avait eu un problème, elle n'aurait pas pu se mettre en colère. Eh bien, j'ai fait cette grande découverte: si *vous* êtes en colère, mère, c'est que vous avez un problème. Alors vous feriez mieux de vous débrouiller avec *votre* colère. Gardez-la et débrouillez-vous avec elle. Je n'ai rien à voir avec cette colère. Peut-être ai-je un problème, mais je vais examiner celui-ci indépendamment de votre colère. Je ne veux pas être influencé par elle.

Ce qui est amusant, c'est que lorsque j'arrive à tenir ce raisonnement sans éprouver de sentiments négatifs, je suis également objectif avec moi-même. Seule une personne consciente peut refuser de se charger de la colère et de la culpabilité d'une autre personne. Elle peut dire: «Tu piques une colère. C'est dommage. Mais je ne ressens plus le moindre désir de te secourir, je refuse de me sentir coupable.» Pourquoi se haïrait-on pour une chose qui ne nous concerne pas? C'est cela la culpabilité. Pourquoi éprouverais-je un sentiment désagréable et me fustigerais-je pour une chose qui ne me concerne pas, qu'elle soit *bonne* ou *mauvaise* ? Je suis prêt à analyser, à observer et à dire: «Si j'ai mal agi, c'était inconsciemment.» Personne n'agit mal consciemment. C'est pourquoi les théologiens nous disent que Jésus Christ ne pouvait mal agir. Cette réflexion me paraît très sensée, car une personne qui possède l'illumination ne peut mal agir. Cette personne est libre. Jésus était libre et cette liberté le préservait. On n'agit mal que lorsqu'on n'est pas libre.

D'autres mots

Mark Twain, avec beaucoup d'esprit, disait: «Il faisait si froid que si le thermomètre avait eu trois centimètres de plus, nous serions morts gelés.» On peut geler avec des mots. Ce n'est pas le froid réel qui importe, mais le thermomètre. Ce n'est pas la réalité qui importe, mais ce que l'on se dit à soi-même de la réalité. On m'a raconté une jolie histoire sur un fermier finlandais. Lorsqu'il a été question de tracer la frontière russo-finnoise, le fermier a dû choisir où il voulait habiter: en Russie ou en Finlande. Après mûre réflexion, il a opté pour la Finlande. Comme il ne voulait pas offenser les officiels russes lorsque ceux-ci sont venus lui demander pourquoi il avait opté pour la

Finlande, il leur a répondu: «J'ai toujours désiré vivre dans notre mère Russie, mais je suis trop âgé pour survivre à un hiver russe.»

«Russie» et «Finlande» ne sont que des mots, des concepts, et pourtant les êtres humains, insensés qu'ils sont, les prennent pour des réalités. Nous ne regardons presque jamais la réalité. Un gourou essayait un jour d'expliquer à une foule assemblée que les êtres humains réagissent aux mots, se nourrissent de mots plutôt que de la réalité. Un des assistants se leva et protesta en ces termes: «Je ne crois pas que les mots aient autant d'effet sur les êtres humains.» Alors le gourou lui dit: «Assieds-toi, espèce de salaud.» Livide de rage, l'homme répliqua: «Tu prétends avoir atteint l'illumination, tu te dis gourou, tu te dis maître... et moi je pense que tu devrais avoir honte.

— Pardonne-moi, je me suis laissé emporter, dit le gourou. Je te demande pardon, c'était un écart, je suis désolé». L'homme finit par se calmer. Alors le gourou lui dit: «Tu as vu, cela n'a pris que trois mots pour faire naître en toi une tempête, et cela ne m'a pris que quelques mots pour la calmer.» Les mots, les mots, les mots! Comme ils nous emprisonnent lorsqu'ils ne sont pas utilisés adéquatement!

Un objectif camouflé

Il y a une différence entre la connaissance et la conscience, entre l'information et la conscience. Je vous ai dit que l'on ne peut faire le mal lorsqu'on est conscient. Mais on peut le faire en toute connaissance lorsqu'on *sait* que quelque chose est mal. «Père, pardonne-leur, car ils ne savent pas ce qu'ils font.» Je traduirais ces paroles par: «Ils ne sont pas *conscients* de ce qu'ils font.» Paul dit qu'il est le plus grand des pécheurs parce qu'il a persécuté l'Église du Christ. «Mais, ajoute-t-il, je l'ai fait dans l'inconscience.» Si le peuple avait été *conscient* du fait qu'il allait crucifier le Seigneur de Gloire, il ne l'aurait pas fait. «Le temps viendra où ils vous persécuteront en *pensant* qu'ils le font pour servir Dieu.» Ils ne seront pas conscients. Ils seront prisonniers de l'information et de la connaissance. Saint Thomas d'Aquin disait: «Chaque fois que les gens commettent un péché, ils pèchent sous le couvert du bien.» Ils s'aveuglent eux-mêmes, ils voient leurs actions comme bonnes même si elles sont mauvaises; ils rationalisent, parce qu'ils agissent sous le couvert du bien.

Une dame m'a exposé deux situations dans lesquelles elle trouve difficile d'agir consciemment. Elle travaille dans un service à la clientèle, où un grand nombre de personnes font la file, où le téléphone ne cesse de sonner, où elle est constamment distraite de son travail par des gens tendus ou en colère. Il lui est extrêmement difficile, dans ces circonstances, de conserver son calme et sa sérénité. La seconde situation concerne les moments où elle doit affronter un embouteillage, avec les klaxons retentissant à ses oreilles et les gens s'envoyant des insultes à la tête. Elle m'a demandé si sa nervosité allait finir par se dissiper et si elle allait retrouver la paix.

Avez-vous compris à quoi cette femme est attachée? À la paix. Elle est attachée à la paix et au calme. Elle m'a dit: «Il m'est impossible d'être heureuse si je ne suis pas en paix.» Vous est-il déjà venu à l'esprit que vous pouvez être heureux *dans la tension*? Avant d'atteindre l'illumination, j'étais déprimé; après l'illumination, je continue à être déprimé. La détente et la sensibilité ne sont pas des buts en elles-mêmes. Avez-vous entendu parler de ces gens qui deviennent tendus lorsqu'ils essaient de se détendre? Si on est tendu, il suffit simplement d'observer cette tension. Aussi longtemps que vous essayerez de changer, la connaissance de vous-même vous échappera. Plus vous vous efforcerez de changer, plus vous vous embourberez. Vous êtes invité à prendre conscience. *Sentez* la sonnerie stridente de ce téléphone, sentez vos nerfs en boule, sentez entre vos mains le volant de la voiture. En d'autres mots, saisissez la *réalité* et laissez à la tension ou au calme la tâche de prendre soin d'eux-mêmes. En fait, vous êtes trop préoccupé par votre prise de contact avec la réalité pour accomplir cette tâche. Laissez se dérouler les événements, quels qu'ils soient, étape par étape. Le changement réel viendra en son temps, non par le biais de votre ego, mais par celui de la réalité. La conscience libérera la réalité, qui va vous transformer.

Vous changerez grâce à la conscience, mais il faut bien connaître celle-ci. Pour l'instant, contentez-vous de me faire confiance sur ce point. Peut-être avez-vous un plan pour devenir conscient. Votre ego astucieux essaie de vous pousser dans la conscience. Attention! Vous allez rencontrer une résistance, vous allez avoir des problèmes! Lorsqu'une personne est obsédée par le désir de prendre conscience, on peut tout de suite déceler en elle une légère angoisse. Elle veut d'abord se réveiller, puis elle veut savoir si elle est vraiment réveillée. Tout cela fait partie de l'ascétisme, pas de la conscience. Cela peut sembler étrange dans une culture où nous avons été formés pour remplir des objectifs, pour réussir, alors qu'en fait il n'est pas nécessaire d'aller où que ce soit puisqu'on qu'on y est déjà.

Les Japonais expriment cela de façon très vivante: «Vous arriverez le jour où vous cesserez de voyager.» Votre raisonnement devrait être: «Je veux être conscient, je veux être en contact avec tout ce qui existe et laisser les choses arriver; si je suis conscient, très bien, si je suis endormi, très bien aussi.» Dès le moment où vous faites de la conscience un but et essayez de l'atteindre, vous cherchez à glorifier votre ego, à le promouvoir. Vous voulez éprouver un sentiment agréable, et vous vous dites que vous l'éprouverez si vous *atteignez* votre but. Lorsque vous *l'atteindrez*, ce but, vous ne le saurez même pas. Votre main gauche ne saura pas ce qu'a fait votre main droite. «Seigneur, quand avons-nous fait cela? Nous n'en avions pas conscience.» La charité n'est jamais si belle que lorsqu'on a perdu conscience de la faire. «Vous dites que je vous ai aidé? Je me suis seulement fait plaisir à moi-même. Je n'ai fait que ce qui me chantait. Cela vous a aidé, c'est merveilleux. C'est vous qui méritez les félicitations, pas moi.»

Lorsque vous aurez atteint la conscience, vous serez de moins en moins agacé par des étiquettes comme «éveillé» ou «endormi». Un de mes problèmes consiste à exciter votre curiosité sans tenter votre avidité spirituelle. Éveillons-nous, l'éveil est merveilleux. Après quelque temps, cela n'aura plus d'importance: on est conscient parce qu'on vit. Une vie sans conscience ne vaut pas la peine d'être vécue.

Et vous laisserez la souffrance prendre soin d'elle-même.

Ne pas résister

Plus vous essaierez de changer, plus vous vous embourberez. Cela veut-il dire qu'un certain degré de passivité est souhaitable? Oui, car plus vous résistez à une chose, plus vous lui donnez du pouvoir. C'est la signification, je crois, des mots de Jésus: «Si quelqu'un vous frappe sur la joue droite, tendez la joue gauche.» On augmente le pouvoir du mal que l'on combat. C'est une attitude très orientale. Mais si vous ne résistez pas à l'ennemi, vous finirez par le dépasser. Comment affronter le mal? En le comprenant, pas en le combattant. Il disparaît lorsqu'on l'a compris. Comment affronter l'obscurité? Certainement pas avec les poings. On ne chasse pas l'obscurité d'une chambre avec un balai, on ouvre la lumière. Plus on lutte contre l'obscurité, plus elle devient épaisse, et plus on se fatigue. Mais lorsqu'on ouvre la lumière de la conscience, l'obscurité se dissipe.

Supposons que ce bout de papier soit un chèque d'un milliard de dollars. Ah, dit l'Évangile, je dois y renoncer, je dois y renoncer si je veux la vie éternelle. Allez-vous remplacer une cupidité — une cupidité matérielle — par une cupidité spirituelle? Avant, vous aviez un ego terrestre et à présent vous avez un ego spirituel, mais c'est quand même un ego, un ego raffiné avec lequel il est difficile de négocier. Lorsque vous renoncez à une chose, vous vous y attachez. Au lieu de renoncer à cette chose, regardez-la et dites: «Hé, ceci n'est pas un chèque d'un milliard de dollars, c'est un morceau de papier!» Alors, vous n'aurez ni à vous battre, ni à y renoncer.

Mines en tous genres

Dans mon pays, un grand nombre d'hommes grandissent avec la conviction que les femmes sont du bétail. «Je l'ai épousée, disent-ils, elle fait maintenant partie de mes possessions.» Ces hommes sont-ils à blâmer? Préparez-vous à entendre une réponse choquante. Non, ils ne le sont pas. Comme les Américains ne sont pas à blâmer pour l'opinion qu'ils ont des Russes. Leurs lunettes — ou leurs perceptions — ont simplement été teintées avec une certaine couleur, et leur vision est influencée par elle; on ne peut rien y faire. Par quels moyens pourrait-on leur faire toucher la réalité telle qu'elle est, comment pourrait-on leur faire prendre conscience qu'ils regardent le monde à travers des verres colorés? Il n'y aura pas de salut pour eux tant qu'ils n'auront pas compris qu'ils sont victimes de préjugés.

Dès le moment où vous regardez le monde à travers une idéologie, vous êtes fichu. Aucune réalité ne peut s'accorder à une idéologie. La vie est au-dessus de ces théories. C'est pourquoi les êtres humains ne cessent de chercher un sens à la vie. Mais la vie n'a pas de sens; elle ne peut en avoir car la notion de «sens» est une formule; le sens est quelque chose qui n'a du sens que pour le cerveau. Chaque fois que vous essayez de tirer un sens de la réalité, vous vous heurtez à un facteur qui annihile le sens que vous avez trouvé. Le sens ne peut être trouvé que si l'on va au-delà du sens. Le vie n'a de sens que si on la perçoit comme un mystère, et elle n'a pas de sens pour un esprit qui conceptualise.

Je ne dis pas qu'adorer n'est pas important, mais j'affirme que le doute est infiniment plus important que l'adoration. Les êtres humains cherchent constamment des objets d'adoration, et je déplore de ne pas trouver autour de moi de gens suffisamment lucides dans leurs attitudes et leurs convictions. Nous serions beaucoup plus tranquilles si les terroristes adoraient un peu moins leur idéologie et la remettaient plus souvent en question. Mais nous n'aimons pas adopter cette attitude; nous sommes sûrs d'avoir raison et nous sommes persuadés que les terroristes ont tort. Mais celui que vous considérez comme un terroriste est un martyr pour ceux qui partagent ses convictions.

On ressent l'isolement est le sentiment ressenti lorsqu'on souffre d'être séparé des autres; dans la solitude, on éprouve le plaisir d'être seul. Rappelez-vous ces mots d'esprit de George Bernard Shaw, prononcés alors qu'il se trouvait parmi les invités de l'un de ces affreux cocktails où l'on ne dit que des futilités. Quelqu'un lui ayant demandé s'il avait plaisir à y être présent, il répondit: «Ma présence ici est la seule chose qui me fasse plaisir.» On n'a jamais de plaisir à être avec les autres lorsqu'on est leur esclave. La communauté n'est pas formée d'un groupe d'esclaves, par des gens qui exigent que d'autres gens les rendent heureux, la communauté est formée par des empereurs et par des princesses. Vous êtes un empereur, pas un mendiant; vous êtes une princesse, pas une mendiante. On ne fait pas l'aumône dans une vraie communauté. On n'y trouve ni dépendance, ni angoisse, ni peur, ni regrets, ni besoin de posséder, ni exigences. Ce sont les gens libres qui peuvent former une communauté, pas les esclaves. C'est une vérité tellement simple, et pourtant elle a été noyée par toutes les cultures, y compris les cultures religieuses. La culture religieuse peut être une grande manipulatrice. Il faut se montrer très vigilant.

Certaines personnes considèrent la conscience comme un sommet, un plateau s'étendant au-delà de l'expérience que l'on peut avoir de chaque minute présente. Ce raisonnement donne à la conscience une raison d'être qui n'est pas la sienne. La vraie conscience ne mène pas «quelque part», elle ne demande pas qu'on accomplisse quelque chose. Comment atteindre cette conscience? En étant conscient. Lorsque des gens disent qu'ils veulent vivre chaque moment présent, ils parlent vraiment de conscience, mais le «veulent» est peut-être de trop. On n'a pas à «vouloir» vivre conscient, on est conscient ou on ne l'est pas.

Un de mes amis s'était rendu en Irlande et m'avait raconté ensuite que bien qu'étant citoyen américain il avait le droit d'avoir un passeport irlandais. Il avait saisi cette occasion car il avait peur de voyager avec un passeport américain. Il se disait que si les terroristes lui demandaient son passeport, il serait préférable qu'il puisse répondre: «Je suis Irlandais.» Les gens assis à ses côtés dans l'avion n'étaient pourtant pas intéressés par cette étiquette; ils voulaient tout simplement connaître sa personne, sa véritable personne. Combien de gens mangent le menu plutôt que la nourriture? Le menu n'est qu'une indication concernant la nourriture disponible. On mange le steak, pas les mots imprimés.

La mort du moi

Est-on un être humain, dans toute l'acception du terme, si l'on n'a pas vécu une tragédie? La seule tragédie existant dans le monde est l'ignorance; c'est d'elle que vient tout le mal. La seule tragédie existant dans le monde est l'inconscience et le sommeil. C'est de ces calamités que découle la peur, et c'est de la peur que découle tout le reste. La mort n'est pas une tragédie. Mourir est merveilleux. La mort n'est affreuse que pour ceux qui n'ont pas compris la vie. On n'a peur de la mort que lorsqu'on a peur de la vie. Ce sont les gens qui ne vivent pas qui ont peur de mourir. Les gens qui sont vivants ne la craignent pas. Un de vos auteurs américains l'a très bien exprimé lorsqu'il a écrit que se réveiller signifie cesser de croire à l'injustice et à la tragédie. Ce qui est la fin du monde pour une chenille est un papillon pour un maître. La mort est résurrection. Je ne parle pas de la résurrection qui pourrait survenir après la mort mais de la résurrection qui existe dès maintenant. Si vous mourez au passé, si vous mourez à chaque minute, vous serez pleinement vivant, car une personne pleinement vivante est une personne qui sait que la mort est partout. On ne cesse de mourir aux choses qui nous entourent. On ne cesse de se dépouiller afin de rester pleinement vivant et de ressusciter à chaque instant. Les mystiques, les saints s'efforcent de réveiller ceux qui les entourent. Ils savent que s'ils ne les réveillent pas, ces derniers vont continuer à souffrir de ces petites maladies que sont la faim, la guerre et la violence. Le plus grand mal s'appelle sommeil et ignorance.

Un jésuite écrivit un jour au père Aruppe, le supérieur général de notre ordre, pour lui demander si le communisme, la capitalisme et le socialisme avaient une valeur par rapport à certains facteurs. Il reçut cette réponse nette: «La valeur d'un système est relative au bon ou au mauvais usage que l'on en fait.» Des gens qui auraient grand cœur feraient du capitalisme, du communisme ou du socialisme une réussite.

Avant de demander au monde de changer, changez vous-même. Ensuite vous pourrez regarder attentivement le monde afin de vous efforcer d'y changer ce que vous estimez nécessaire. Enlevez vos lunettes teintées. Si vous ne le faites pas, vous n'aurez pas le droit de changer quoi que ce soit, qu'il s'agisse d'êtres humains ou de situations. Tant que vous ne serez pas conscient de ce que vous êtes, vous n'aurez pas le droit d'intervenir auprès d'un individu ou de vous mêler de quoi que ce soit. Le danger, lorsqu'on essaie de changer les autres ou les situations sans être conscient, est d'être porté à les changer à sa convenance, en fonction de sa fierté, de son dogmatisme, de ses croyances, ou tout simplement pour se débarrasser de sentiments négatifs. J'éprouve des sentiments négatifs, vous feriez donc mieux de changer afin que je me sente mieux. Plutôt que d'agir ainsi, il faut d'abord affronter ces sentiments négatifs. Ensuite, on peut commencer à changer les autres. Cela permet de partir de l'amour plutôt que de la haine et du négativisme. Étrange comme on peut alors paraître dur avec les autres, alors qu'en fait on est très aimant. Le chirurgien peut être à la fois implacable et aimant avec un patient. Et l'amour peut lui aussi être très dur.

Perspicacité et compréhension

Qu'entraîne le changement personnel? Je vous ai expliqué cela de différentes manières, à plusieurs reprises; je vais à présent vous présenter les mêmes explications en les fragmentant. Commençons par la perspicacité. Il ne s'agit pas de faire des efforts, de cultiver des habitudes, d'avoir un idéal. Les idéaux font trop de dégâts. On passe son temps à se concentrer sur ce qui devrait être plutôt que sur ce qui est. On fait ainsi peser ce qui devrait être sur la réalité présente sans même comprendre de quoi elle est faite.

Permettez-moi de vous donner un exemple de perspicacité découlant de mon expérience de conseiller spirituel. Un prêtre vient me voir et m'avoue qu'il est paresseux. Il voudrait être plus industrieux, plus actif, mais il se trouve paresseux. Je lui demande ce qu'il veut dire par «paresseux». Dans le passé, je lui aurais dit: «Voyons, pourquoi ne pas faire chaque jour une liste des choses que vous voulez faire, ensuite vous pourriez, à la fin de la journée, barrer ce qui a été fait sur cette liste. Cela vous encouragerait et vous donnerait une bonne habitude.» Ou alors je lui aurais demandé: «Qui est votre modèle, votresaint patron?» S'il avait répondu, par exemple: saint François Xavier, je lui aurais dit: «Voyez combien saint François a travaillé dans sa vie! Méditez sur cette force de travail et cela vous donnera le courage d'aller de l'avant.» C'est une manière d'envisager les choses, mais elle est superficielle. Le prêtre pourrait utiliser sa volonté, faire beaucoup d'efforts, mais cela ne le mènerait pas très loin. Son comportement pourrait changer, mais cela ne veut pas dire qu'il va changer, lui.

Supposons que le prêtre me soumette le même problème aujourd'hui. Je lui ferais une tout autre réponse. Je lui dirais: «Paresseux? Qu'est-ce que cela veut dire? Il y a mille formes de paresse. Parlez-moi de la vôtre. Décrivez-moi ce que *vous* entendez par "paresseux".

— Eh bien, je n'arrive jamais à faire quoi que ce soit, dirait-il. Je n'ai jamais envie de faire quoi que ce soit.

— Vous voulez dire que vous ressentez cela dès le moment où vous sortez du lit?

— Oui, je me lève le matin et il me semble que ça n'en vaut pas la peine.

— Vous êtes donc déprimé?

— On pourrait le résumer de cette façon. Je suis replié sur moi-même.

— Vous avez toujours été ainsi?

— Non, pas toujours. J'étais plus actif lorsque j'étais jeune. Quand j'étais au séminaire, je débordais d'énergie.

— Et quand tout cela a-t-il commencé?

— Il y a deux ou trois ans.»

Je lui demanderais alors si quelque chose s'est passée à cette époque. Il réfléchirait, réfléchirait encore. Alors je lui dirais: «Si vous devez y penser si longtemps, c'est que rien de particulier ne vous est arrivé il y a trois ou quatre ans. Que s'est-il passé l'année d'avant?

— C'est l'année où j'ai été ordonné prêtre.

— Rien ne vous est arrivé cette année-là?

— Il y a bien une petite chose... le dernier examen en théologie. Je ne l'ai pas réussi. J'étais très déçu mais j'ai fini par l'accepter. L'évêque voulait m'envoyer à Rome pour y enseigner dans un séminaire. Cela me plaisait beaucoup, mais comme j'avais raté mon examen il a changé d'avis et m'a envoyé dans cette paroisse. En fait, c'était injuste parce que...» Nous y voilà! Il y a en lui une colère dont il n'a jamais pu se défaire. Il va devoir régler son compte à cette déception. Il est inutile de lui faire un sermon sur la paresse. Il est inutile de lui donner des idées pour s'en débarrasser. Il faut tout simplement l'amener à faire face à sa colère et à sa déception et à acquérir une vision nette de son problème. Lorsqu'il sera capable de régler ce dernier, il reviendra à la vie. Si je lui avais fait la morale, si je lui avais fait remarquer que ses frères et sœurs en dehors de la prêtrise travaillent beaucoup plus que lui, il se serait tout simplement senti coupable, car il ne dispose pas de cette vision personnelle et clairvoyante de lui-même qui pourrait lui permettre de guérir. Voilà pour la première étape.

La seconde, très importante, est la compréhension. Pensiez-vous vraiment qu'obtenir cette position allait vous rendre heureux? Vous supposiez tout bonnement que cela allait vous rendre heureux. Pourquoi vouliez-vous enseigner dans ce séminaire? Parce que vous vouliez être heureux. Vous pensiez qu'être professeur, avoir un certain statut, un certain prestige allait vous rendre heureux. Mais en êtes-vous bien sûr? Bien comprendre tout cela est indispensable pour voir exactement ce qui se passe en soi-même.

Faire la distinction entre «je» et «moi» est d'une aide précieuse lorsqu'on veut se désidentifier des événements. En voici un exemple: un jeune prêtre jésuite vient me voir. C'est un homme agréable, extraordinaire, talentueux, habile, charmant, aimable. Mais il a parfois un comportement aberrant. Il terrorise ses employés. On dit même qu'il lui arrive de les frapper. La police a d'ailleurs failli intervenir un jour. Chaque fois qu'il a la charge d'une école ou d'une quelconque entreprise, le problème ressurgit. Alors, il fait une retraite de trente jours au cours de ce que les jésuites appellent le Troisième an, où il médite sur la patience et l'amour du Christ envers les déshérités. Mais je sais que, mise à part une légère amélioration qui ne dure que de trois à quatre mois, cette retraite n'a pas un effet très positif. (Quelqu'un a dit un jour que nous commençons la plupart de nos retraites au nom du Père, du Fils et du Saint-Esprit et que nous les terminons comme il était au commencement, maintenant et jusqu'à l'heure de notre mort, ainsi soit-il!) Après sa retraite, le jésuite était de nouveau prêt à régler son compte à l'un ou l'autre de ses subordonnés.

Il est donc venu me voir. J'étais très occupé à cette époque et, bien qu'il soit venu d'une autre ville, — et les villes sont très éloignées l'une de l'autre dans mon pays — je n'avais pas trouvé le temps de le recevoir. Alors je lui ai proposé ceci: «Je vais faire ma promenade vespérale. Si vous voulez m'accompagner, c'est parfait. C'est le seul moment dont je dispose pour vous écouter.» Et nous sommes partis en promenade. Je l'avais déjà rencontré mais, tandis que nous marchions, j'éprouvais une étrange sensation. Lorsque j'éprouve ce genre de sensation, je la vérifie en posant des questions.

«J'ai le sentiment que vous me dissimulez quelque chose, lui dis-je. Est-ce que je me trompe?» Indigné, il me répondit: «Que voulez-vous dire par "dissimuler quelque chose"? Vous croyez que j'ai fait ce long voyage pour vous parler avec l'intention de vous dissimuler quelque chose?

— Non, mais j'éprouve un sentiment étrange, c'est tout, et je me suis dit qu'il valait mieux vous demander s'il avait des raisons d'être.» Nous avons marché jusqu'à un lac qui se trouve non loin de l'endroit où j'habite. Je me souviens très distinctement de la scène. «Pouvons-nous nous asseoir un moment?» m'a-t-il demandé. J'ai acquiescé et nous nous sommes assis sur le muret qui entoure le lac. C'est alors qu'il m'a dit: «C'est vrai, je vous cache quelque chose.» Et il a éclaté en sanglots. Puis il a ajouté: «Je vais dire une chose que je n'ai jamais dite à personne depuis que je suis devenu jésuite. Mon père est mort lorsque j'étais encore enfant, et ma mère a été obligée d'être servante. Son travail consistait à nettoyer des toilettes et des salles de bain; il arrivait parfois qu'elle travaille seize heures par jour pour subvenir à nos besoins. J'en étais si honteux que j'ai caché cela à tout le monde. Mais je continue à me venger, irrationnellement, sur elle et sur tous ceux qui font partie de la classe des serviteurs.» Il faisait tout simplement un transfert. Personne n'avait jamais compris pourquoi cet homme charmant se conduisait comme il le faisait. Lorsqu'il a vu ce qui se passait en lui, son comportement est devenu normal. Définitivement. Il était guéri.

Arrêtez de pousser!

Une méditation superficielle sur le comportement de Jésus ne vous apportera aucune aide. De même qu'essayer de L'imiter. L'imiter ne sert à rien, il faut devenir ce qu'Il était. Devenir le Christ, prendre conscience, comprendre ce qui se passe en vous. Toutes les méthodes utilisées pour se changer soi-même peuvent être comparées à pousser une voiture pour la faire avancer. Supposez que vous ayez à vous rendre dans une ville éloignée. Votre voiture tombe en panne à mi-chemin. Elle ne veut plus se remettre en route. Alors vous retroussez vos manches et vous vous mettez à pousser. Et vous poussez sans relâche jusqu'à ce que vous arriviez à destination. «Eh bien, dites-vous, j'y suis arrivé!» Puis vous décidez de pousser la voiture jusqu'à une autre ville! Et quand vous arrivez, vous vous dites: «J'y suis arrivé, pas vrai?» Appelez-vous cela vivre? Vous savez de quoi vous avez besoin? Vous avez besoin d'un expert, vous avez besoin d'un mécanicien pour soulever le capot et changer les bougies. Alors vous mettrez le contact et la voiture se remettra en route. Vous avez besoin d'un expert — vous avez besoin de compréhension, de clairvoyance, de conscience — pas de pousser. Vous n'avez pas besoin de faire des efforts. C'est pour cela que les gens sont si fatigués, si épuisés. Nous avons été entraînés, vous aussi bien que moi, à être mécontents de nous-mêmes. C'est de là que vient — psychologiquement parlant — le mal. Nous sommes toujours insatisfaits, mécontents, nous ne cessons de pousser. Allons-y, encore un petit effort, de plus en plus d'efforts! Mais il y a toujours ce conflit intérieur, il y a si peu de compréhension.

Entrer en contact avec la réalité

Je vais vous parler d'une des journées les plus mémorables de ma vie. C'était aux Indes, au lendemain de mon ordination, et cela s'est passé dans un confessionnal. Je connaissais un saint prêtre jésuite de notre province, un espagnol dont j'avais fait la connaissance avant d'entrer au noviciat des jésuites. La veille de mon départ pour ce noviciat, je m'étais dit que j'allais me nettoyer de mes péchés afin d'y arriver propre et net. Cela m'éviterait de me confesser au maître des novices.

Les gens faisaient la file pour se confesser au vieux prêtre. Celui-ci avait coutume de se couvrir les yeux d'un mouchoir violet. Il parlait dans un murmure, vous donnait une pénitence et vous renvoyait. Nous ne nous étions rencontrés qu'à deux ou trois reprises, mais il m'avait baptisé *Antonie*. J'ai donc pris place dans la file et, lorsque mon tour est venu, j'ai fait ma confession en changeant ma voix. Il m'a écouté patiemment, m'a donné une pénitence, m'a absous de mes péchés, puis a ajouté: «Antonie, quand irez-vous au noviciat?»

Je me suis donc rendu à cette même paroisse au lendemain de mon ordination. Et le vieux prêtre m'a demandé: «Voulez-vous entendre des confessions?

— Oui, ai-je répondu.

— Alors, prenez mon confessionnal.» Mon Dieu, me suis-je dit, me voici devenu un saint homme! Je vais m'asseoir dans un confessionnal pour entendre des confessions. Et c'est effectivement ce qui est arrivé: j'ai entendu des confessions pendant trois heures. C'était le dimanche des Rameaux; la foule de Pâques avait commencé à arriver. Je suis sorti de ces confessions déprimé, non pas à cause de ce que j'avais entendu — j'étais prêt à cette tâche et, ayant une vague idée de ce qui se passait dans mon cœur, rien ne pouvait me choquer. Vous voulez savoir ce qui me déprimait? Ce sont toutes ces petites platitudes que je débitais: «Et maintenant, priez la Sainte Vierge; elle vous aime», ou «N'oubliez jamais que Dieu est à vos côtés.» Ces pieuses platitudes allaient-elles guérir un cancer? Car c'est à un cancer que j'avais affaire, un cancer qui s'appelait manque de conscience et du sens de la réalité. Alors, ce jour-là, j'ai fait un serment: «J'apprendrai, j'apprendrai, ainsi on ne pourra pas me dire, quand tout sera fini: "Père, ce que vous m'avez dit était parfaitement vrai mais totalement inutile."»

Conscience, clairvoyance. Lorsque vous deviendrez un expert (et vous le deviendrez bientôt), vous n'aurez plus besoin d'un cours de psychologie. En vous observant vous-même, en vous regardant, en isolant vos sentiments négatifs, vous trouverez votre moyen à vous d'expliquer ce qu'est la conscience. Et vous remarquerez le changement en vous-même. Mais vous aurez aussi affaire avec l'ennemi n° 1 qui s'appelle mécontentement, condamnation et haine de soi-même.

Quelques images

Revenons à l'inutilité de l'effort au cours du changement. Une belle image m'est venue à l'esprit pour illustrer cette inutilité: un voilier. Lorsqu'un voilier est poussé par un bon vent, il glisse sur l'eau sans effort et le capitaine n'a rien d'autre à faire qu'à tenir la barre. Il ne fait aucun effort; il ne doit rien faire pour que le bateau avance. Cette image exprime bien ce qui se passe lorsque le changement naît de la prise de conscience, de la compréhension.

En relisant mes notes, j'ai trouvé quelques citations qui s'appliquent très bien à mon propos. Écoutez celle-ci: «Il n'y a rien de plus cruel que la nature. Dans l'univers entier, personne ne peut lui échapper, et pourtant ce n'est pas la nature qui fait des dégâts, mais le cœur des gens.» Ces paroles vous paraissent-elles sensées? Ce n'est pas la nature qui fait les dégâts, mais le cœur des gens. Écoutez l'histoire de Paddy, qui était tombé d'un échafaudage et s'était fait une grosse bosse sur la tête. On lui demanda: «Est-ce que la chute t'a fait mal, Paddy?

— Non, répondit-il, c'est l'impact au sol qui m'a fait mal, pas la chute.» Lorsque vous coupez de l'eau, elle n'a pas mal, mais lorsque vous coupez quelque chose de solide, comme un bout de carton par exemple, il se brise. Vous avez en vous des attitudes solides; c'est cela qui se heurte à la nature; c'est alors que vous avez mal, c'est de là que vient la douleur.

Voici une autre belle histoire, racontée cette fois par un sage oriental dont j'ai oublié le nom. Comme pour la Bible, ce n'est pas l'auteur qui importe, ce sont les paroles. «Si l'œil n'est pas obstrué, on voit; si l'oreille n'est pas obstruée, on entend; si le nez n'est pas obstrué, on sent; si la bouche n'est pas obstruée, on goûte; si l'esprit n'est pas obstrué, on est sage.»

La sagesse apparaît lorsqu'on renverse les barrières que l'on a élevées avec les concepts et le conditionnement. La sagesse n'est pas un état que l'on peut acquérir; la sagesse n'est pas l'expérience; la sagesse ne consiste pas à appliquer les illusions d'hier aux problèmes d'aujourd'hui. Lorsque j'étudiais la psychologie à Chicago, quelqu'un m'a dit: «Dans la vie d'un prêtre, cinquante années d'expérience équivalent souvent à une année d'expérience répétée cinquante fois.» On a toujours recours aux mêmes solutions: c'est comme ça qu'il faut traiter avec un alcoolique; c'est comme ça qu'il faut traiter avec un prêtre; c'est comme ça qu'il faut traiter avec une religieuse; c'est comme ça qu'il faut traiter avec une personne divorcée. Ces attitudes n'ont rien à voir avec la sagesse. La sagesse consiste à être sensible à *cette* situation, à *cette* personne, sans se laisser influencer par les habitudes du passé, par le reliquat des expériences passées. C'est tout à fait contraire à ce que pensent la plupart des gens. Je voudrais ajouter ceci aux histoires que je vous ai lues: «Si le cœur n'est pas obstrué, on aime.» J'ai beaucoup parlé de l'amour ces derniers jours, même si je vous ai déclaré qu'on ne pouvait pas vraiment parler de l'amour. On ne peut parler que du manque d'amour. On ne peut parler que de la dépendance. Mais on ne peut pas formuler explicitement ce qu'est l'amour.

Ne rien dire sur l'amour

Comment décrirai-je l'amour? Je vais plutôt vous offrir l'une des pensées qui vont former le sujet de l'un de mes prochains livres. Je vais vous la lire lentement; vous pourrez ensuite la méditer tandis que nous continuerons notre entretien. J'ai noté cette pensée brièvement afin de pouvoir vous la lire en quelques minutes, sinon cela m'aurait pris une demi-heure. Il s'agit d'une réflexion sur une phrase de l'Évangile. Je pensais, en la lisant, à une pensée de Platon: «On ne peut faire un esclave d'un être libre, car un tel être est toujours libre, même en prison.» Cette phrase ressemble à ce passage de l'Évangile: «Si quelqu'un veut vous faire marcher pendant deux kilomètres, faites-en trois.»

Vous pouvez penser que vous avez fait de moi un esclave parce que vous m'avez mis un fardeau sur le dos, mais vous vous trompez. Si une personne croit qu'elle va changer la réalité extérieure et être libre parce qu'elle sort de prison, nul doute qu'elle ne reste prisonnière. La liberté ne repose pas dans des circonstances extérieures; la liberté est dans les cœurs. Lorsque vous aurez atteint la sagesse, qui pourra vous enchaîner? Écoutez cet autre passage de l'Évangile: «Il renvoya le peuple et, après l'avoir renvoyé, alla sur la montagne pour prier. Le temps passa et il était toujours sur la montagne.» C'est *cela* l'amour. Vous êtes-vous déjà aperçu que vous ne pouviez aimer que si vous étiez seul? Que veut dire «aimer»? Cela veut dire que l'on voit une personne, une situation, une chose comme elle est en réalité, non comme on se l'imagine. Cela veut dire qu'on donne à cette personne, à cette situation, à cette chose la réponse qu'elles méritent. Peut-on vraiment dire que l'on aime ce qu'on ne voit pas? Et qu'est-ce qui nous empêche de voir? Notre conditionnement, nos concepts, nos catégories, nos préjugés, nos projections, les étiquettes que nous avons tirées de notre culture et de nos expériences passées. Voir est l'entreprise la plus ardue dans laquelle un être humain puisse se lancer, car elle exige discipline et vivacité d'esprit. Mais la plupart des gens préfèrent se réfugier dans la paresse mentale plutôt que de prendre le risque de voir chaque être et chaque chose dans sa fraîcheur présente.

Perdre le contrôle

Si vous souhaitez comprendre le sens du mot «contrôle», pensez d'abord à un petit enfant à qui on a donné le goût de la drogue. Son organisme s'est habitué à la drogue, il en est devenu dépendant; son être tout entier crie pour en recevoir. Le manque est un tourment si insupportable que la mort lui semble préférable. Imaginez un corps qui a besoin de drogue. C'est ce besoin que votre société vous donne lorsque vous venez au monde. On ne vous permet pas de profiter de la nourriture solide et nutritive de la vie — autrement dit le travail, le jeu, la gaieté, le rire, la compagnie des autres, le plaisir des sens et de l'esprit —, on vous donne le besoin d'une drogue appelée approbation, louange et attention.

A.S. Neill, un grand éducateur, a écrit un livre intitulé *Summerhill*. Cet homme explique que l'on reconnaît un enfant malade au fait qu'il tourne constamment autour de ses parents; il s'intéresse aux *personnes*. Un enfant en bonne santé ne s'intéresse pas aux personnes, il s'intéresse aux *choses*. Lorsqu'un enfant est sûr de l'amour de sa mère, il oublie celle-ci; il explore le monde; il est curieux. Il cherche une grenouille, il l'examine, il la met en bouche... Il fait des choses de ce genre. Lorsqu'un enfant tourne sans cesse autour de sa mère, c'est très mauvais signe; cela veut dire qu'il ressent une insécurité émotionnelle. Peut-être sa mère a-t-elle essayé de lui soutirer de l'amour, peut-être ne lui a-t-elle pas donné toute la liberté et toute l'assurance dont il avait besoin. Sa mère l'a sans doute menacé, d'une manière très subtile, de l'abandonner.

Ainsi, on nous a donné l'envie de diverses drogues: approbation, attention, succès, prestige, pouvoir, commandement, envie de voir notre nom dans les journaux, envie d'arriver au sommet. On nous a donné l'envie de devenir le capitaine de notre équipe, le chef d'orchestre de notre fanfare, etc. Comme nous avons besoin de ces drogues, nous en devenons dépendants et avons peur de les perdre. Rappelez-vous cette perte de contrôle que vous avez ressentie, cette terreur que vous avez éprouvée à la perspective d'un échec ou d'une erreur, ou à l'idée d'être sous le feu de la critique. Vous êtes devenu maladivement dépendant de ceux qui vous entourent, c'est ainsi que vous avez perdu votre liberté. Les autres ont à présent le pouvoir de vous rendre heureux ou misérable. Vous avez besoin de vos drogues, et l'exécration que vous avez pour la souffrance que ce besoin vous apporte est à la mesure de votre totale vulnérabilité. Il ne se passe pas une minute où, consciemment ou inconsciemment, vous ne vous conformiez pas aux ordres des autres, marchant au son de leurs tambours.

Une personne qui ne marche plus au son des tambours de la société et qui danse sur la musique qui jaillit d'elle-même: voilà une excellente définition de l'être éveillé. Lorsque vous êtes ignoré ou désapprouvé, la solitude que vous ressentez est si insupportable que vous revenez aux autres en rampant, mendiant cette drogue consolante appelée soutien, encouragement et réconfort. Vivre ainsi sous-entend une tension constante. «L'enfer, c'est les autres», disait Sartre. Lorsque vous vous trouvez dans cet état de dépendance, vous êtes tenu d'avoir un comportement irréprochable; vous ne pouvez jamais sortir avec une coiffure en désordre;

vous devez toujours être à la hauteur des attentes que l'on a de vous. Être avec les autres, c'est vivre dans une tension constante; vivre sans eux apporte l'angoisse de l'isolement, parce que les autres vous manquent. Vous avez perdu votre capacité de les voir exactement tels qu'ils sont et de les traiter adéquatement car votre perception est obscurcie par votre besoin de drogues. Vous ne les voyez plus, dès lors, que comme des pourvoyeurs de drogues ou comme ceux qui pourraient vous en priver. Vous ne les regarderez plus, consciemment ou inconsciemment, qu'avec les yeux de l'espoir ou de la peur. Vont-ils me donner ce que je veux, vont-ils me le refuser? S'ils ne peuvent plus me consoler avec ma drogue ou me menacer de m'en priver, ils ne m'intéressent plus. C'est affreux à dire, mais je me demande s'il se trouve une personne dans cette assemblée qui ne soit pas concernée par ces propos.

Être à l'écoute de la vie

C'est pourquoi vous avez besoin, maintenant, de conscience et de nourriture. Vous avez besoin d'une nourriture saine et adéquate. Apprenez à aimer la solide nourriture de la vie. Un bon repas, un bon vin, une bonne eau. Goûtez-les. Oubliez votre esprit et reprenez contact avec vos sens. Prenez une bonne, une saine nourriture. Le plaisir des sens et le plaisir de l'esprit dépendent d'une saine nourriture. Un bon livre, ou une bonne discussion, ou des pensées enrichissantes. C'est miraculeux. Malheureusement, les gens sont devenus fous; ils sont de plus en plus dépendants car ils ne savent plus comment profiter des bonnes choses de la vie. Alors ils cherchent des stimulants artificiels de plus en plus forts.

Dans les années soixante-dix, le président Carter a demandé au peuple américain d'entrer dans une période d'austérité. Je me suis dit alors: il ne devrait pas leur demander d'être austères, il devrait plutôt leur dire de profiter de la vie. La plupart d'entre eux ont perdu leur capacité d'en jouir. Je crois vraiment que la plupart des habitants des pays riches ont perdu cette capacité. Ils ont besoin de gadgets de plus en plus coûteux; ils sont devenus incapables de se contenter des petites choses de la vie. Il m'arrive de me promener dans ces magasins où l'on peut entendre de la merveilleuse musique et où les disques sont vendus avec un escompte. On y voit des milliers de disques. Les gens les achètent, mais je n'ai jamais vu personne écouter cette musique: ils n'ont pas le temps, jamais le temps. Ils se sentent coupables quand ils profitent de la vie car ils croient qu'ils n'en ont pas le temps. Ils sont surchargés, surmenés.

Si vous aimez profiter de la vie et du simple plaisir des sens, vous serez ébahi par les possibilités qui s'offrent à vous. Vous développerez cette extraordinaire discipline propre aux animaux. Un animal ne mange jamais plus qu'il ne lui est nécessaire. S'il vit dans son habitat naturel, il n'aura jamais de kilos en trop. Il ne boira ni ne mangera jamais des aliments qui pourraient nuire à sa santé. Un animal ne fume pas. Il ne se livrera jamais à plus d'exercice qu'il n'en faut — observez votre chat lorsqu'il vient de manger, voyez comme il se détend. Puis regardez comme il se lance dans l'action, voyez la souplesse de ses membres, sa vivacité. Nous avons perdu tout cela. Nous sommes plongés dans nos pensées, nos idées et nos idéaux, et nous continuons à vivre ainsi sans jamais nous arrêter. Nous vivons un conflit intérieur que les animaux ne connaissent pas. Nous ne cessons de nous condamner et de nous considérer comme des coupables. Vous savez très bien de quoi je parle. J'aurais pu dire de moi-même ce qu'un ami jésuite m'a dit il y a quelques années: «Éloignez de moi cette assiette de friandises. Devant une assiette de chocolat ou de sucreries, je perds ma liberté.» D'une certaine manière, cette réflexion me concernait, car j'avais perdu ma liberté dans bien des domaines. Mais ce n'est plus le cas à présent. Je vis avec très peu et j'en profite intensément. Lorsqu'on profite intensément d'une chose, on se contente de très peu.

Pensez à ces gens qui consacrent beaucoup de temps à préparer leurs vacances. Ils ont passé des mois à les organiser, et lorsqu'ils arrivent sur les lieux, ils paniquent à propos des réservations pour leurs billets de retour. Mais ils font quand même des photos, qu'ils aligneront dans un album et qu'ils vous montreront un jour, des photos d'endroits qu'ils n'ont pas vus, d'endroits qu'ils se sont contentés de photographier.

C'est là un symbole de la vie moderne. Je ne pourrai jamais vous mettre assez en garde contre ce genre d'ascétisme. Alors soyez moins agité; goûtez, sentez, permettez à vos sens de revenir à la vie. Si vous voulez parcourir la voie royale du mysticisme, asseyez-vous tranquillement et écoutez les sons qui vous parviennent. Ne vous concentrez sur aucun d'entre eux, essayez seulement de les entendre tous. Un miracle se produira, dont vous serez le bénéficiaire lorsque vos sens cesseront d'être obstrués. Cette étape est extrêmement importante dans le processus de changement.

La fin de l'analyse

J'aimerais vous donner un aperçu de la différence existant entre l'analyse et la conscience, autrement dit entre l'information et la clairvoyance. L'information n'est pas la clairvoyance, l'analyse n'est pas la conscience, de même que la connaissance n'est pas la conscience. Supposons que je sois entré dans cette pièce avec un serpent rampant tout au long de mon bras et que je vous aie dit: «Vous voyez ce serpent qui rampe sur mon bras? Je viens tout juste de consulter une encyclopédie et j'ai découvert que c'est une vipère Russell. Si elle me mord, je mourrai dans la minute. Voudriez-vous être assez aimable pour me dire comment me débarrasser de cette créature qui rampe sur mon bras?» Qui tient ce genre de discours? Quelqu'un qui a une information sans avoir la conscience.

Ou bien supposons que je sois alcoolique. «Voulez-vous être assez aimable pour m'expliquer comment je pourrais me débarrasser de cette dépendance?» Un individu qui parlerait ainsi ne serait pas conscient. Il saurait qu'il est en train de se détruire, mais il n'en aurait pas conscience. S'il l'était, sa dépendance disparaîtrait immédiatement. Si j'étais conscient de ce qu'est le serpent, je n'aurais pas à trouver un moyen de l'éloigner de mon bras, *il s'en éloignerait à travers moi*. C'est de ce changement que je parle. Vous ne vous changez pas vous-même; ce n'est pas *moi* qui change *moi*. Le changement se passe *à travers* vous, en vous. Je ne puis exprimer cela de manière plus adéquate. Vous voyez le changement se passer en vous, à travers vous; il se passe dans votre conscience. Vous ne l'accomplissez pas *vous-même*. Lorsque vous le faites, c'est mauvais signe; autrement dit cela ne durera pas. Et si cela dure, que Dieu prenne en pitié ceux qui vous entourent, car vous allez devenir très rigide. Les gens qui se transforment sur la base de la haine et du mécontentement de soi sont des êtres impossibles. Quelqu'un a dit: «Si vous voulez être un martyr, épousez un saint.» Si vous êtes conscient, vous garderez votre douceur, votre subtilité, votre gentillesse, votre ouverture d'esprit, votre souplesse; vous ne pousserez pas. Et le changement surviendra de lui-même.

Alors que j'étudiais à Chicago, un prêtre nous a dit, à moi et à mes condisciples: «Vous savez, j'avais toutes les informations qui m'étaient nécessaires; je savais que l'alcool allait me tuer mais, croyez-moi, rien ne peut changer un alcoolique, même pas l'amour qu'il ressent pour sa femme et pour ses enfants. Il les aime mais cela ne le change pas. Une seule chose m'a changé. Cela m'est arrivé un jour où je cuvais mon alcool dans un caniveau. Il bruinait légèrement. Tout à coup, j'ai ouvert les yeux et j'ai compris que l'alcool allait me tuer. Je l'ai compris et, depuis, je ne me suis plus jamais enivré. En fait, il m'est encore arrivé de boire un peu, mais jamais assez pour que cela me fasse du mal. Je ne peux plus boire comme je le faisais avant; je ne le pourrai plus jamais.» C'est cela la conscience. Il ne s'agit pas d'information, mais de conscience.

Un de mes amis grand fumeur m'a dit un jour: «Tu sais, il y a toutes sortes de blagues à propos du tabac. Par exemple: on dit que le tabac tue, mais voyez les Égyptiens, ils sont tous morts et pourtant aucun d'eux ne fumait!» Eh bien, un jour cet ami a eu des problèmes pulmonaires et a dû se rendre dans notre institut de cancérologie à Bombay. Le docteur lui a dit: «Père, vous avez deux taches sur les poumons. Comme cela pourrait être un cancer, je voudrais que vous reveniez dans un mois.»

Il n'a plus jamais touché une cigarette. Avant, il *savait* que le cancer pouvait le tuer; après, il était *conscient* de cette possibilité. C'est toute la différence.

Saint Ignace, le fondateur de mon ordre religieux, avait une très belle expression. Il appelait cela «goûter et sentir la vérité» — il ne disait pas savoir, mais goûter et sentir. Lorsque cela vous arrive, vous changez. Lorsque vous n'avez qu'une connaissance mentale de cette possibilité, vous ne le pouvez pas.

La mort devant soi

J'ai souvent dit que le moyen de vivre vraiment est de mourir. Le meilleur passeport pour la vie est de vous imaginer dans votre tombe. Imaginez que vous êtes couché dans votre cercueils. Dans la position qui vous convient. En Inde, on assied les morts dans la position du lotus. On les mène parfois au bûcher funèbre dans cette posture. Mais il arrive aussi qu'ils soient étendus. Donc, imaginez que vous êtes couché, mort. Maintenant considérez vos problèmes de ce point de vue. Cela change tout, n'est-ce pas?

Quelle belle méditation! Faites-la chaque jour si vous le pouvez. C'est peut-être difficile à croire, mais vous allez devenir plus vivant. J'ai médité sur cette pratique dans *Wellsprings*, un de mes livres: Vous voyez votre chair se décomposer, vos os s'effriter. Puis vous devenez poussière. Chaque fois que j'aborde ce sujet, des gens s'exclament: «C'est dégoûtant!» Qu'est-ce qui est dégoûtant? C'est la réalité, un point c'est tout. Mais la plupart des individus ne veulent pas voir la réalité en face. Ils ne veulent pas voir la mort. Les gens ne vivent pas, vous ne vivez pas, vous vous contentez simplement de garder votre corps en vie. Ce n'est pas cela la vie. On ne vit que lorsqu'on n'accorde plus la moindre importance au fait d'être vivant ou d'être mort. C'est alors que l'on vit. Lorsqu'on est prêt à perdre la vie, on la vit. Si on la protège, on meurt. Si vous étiez dans un grenier et que je vous crie: «Descendez! et que vous répondiez: Oh non! j'ai lu des choses sur les gens qui descendent. Ils glissent dans les escaliers et se rompent le cou; c'est trop dangereux.» Ou que je ne puisse vous convaincre de traverser la rue. «Vous savez combien de personnes se sont fait écraser en traversant la rue?» Si je ne puis vous convaincre de traverser la rue, comment pourrais-je vous convaincre de traverser un océan pour vous rendre sur un autre continent? Si je ne puis vous convaincre de regarder autre chose que vos petites croyances et convictions pour regarder un autre monde, cela veut dire que vous êtes mort, que vous êtes tout à fait mort; la vie vous a quitté. Vous êtes assis dans votre petite prison, où vous avez peur; peur de perdre votre Dieu, votre religion, vos amis, vos possessions.

La vie appartient au joueur, c'est comme ça. C'est ce que disait Jésus. Êtes-vous prêt à la risquer? Vous savez quand vous serez prêt à la risquer? Lorsque vous aurez découvert que ce que les gens appellent la vie n'est pas vraiment la vie. Les gens croient à tort que vivre signifie garder son corps en vie. Aimez la pensée de la mort, aimez-la. Revenez-y encore et encore. Pensez à la beauté de ce cadavre, de ce squelette, de ces os s'effritant, se transformant en une poignée de poussière. Quel soulagement vous ressentirez alors! Certains d'entre vous ne comprennent probablement pas de quoi je parle; ils ont trop peur de penser à la mort. On ressent pourtant un tel soulagement lorsqu'on peut regarder la vie avec cette perspective.

Pourquoi n'iriez-vous pas vous promener dans un cimetière? C'est une expérience extraordinaire et purificatrice. Vous lisez un nom écrit sur une tombe et vous vous dites: «Seigneur! il a vécu il y a de si nombreuses années! Deux siècles! Il a certainement eu les mêmes problèmes que moi, les mêmes insomnies. C'est fou comme notre vie est courte!» Un poète italien disait: «Notre existence ne dure que le temps d'un éclair; le soir tombe, puis c'est la nuit pour toujours.» La vie n'est qu'un éclair et nous la gaspillons. Nous la gaspillons avec nos angoisses, nos soucis, nos inquiétudes, nos fardeaux. Si la méditation que je préconise ne vous mène dans un premier temps qu'à l'information, elle va ensuite vous conduire à la conscience. Et dans cette période de conscience vous serez un être neuf. Du moins aussi longtemps qu'elle durera. Vous connaîtrez alors la différence entre l'information et la conscience.

Un ami astronome avec lequel j'ai dîné récemment m'a révélé certaines choses fondamentales à propos de l'astronomie. Je ne savais pas, jusqu'à ce qu'il me l'apprenne, que lorsqu'on regarde le soleil on le voit là où il était huit minutes et demie plus tôt. Il faut huit minutes et demie à un rayon de soleil pour nous parvenir. On ne le voit donc pas où il est; il est ailleurs. Les étoiles elles aussi nous envoient leur lumière depuis des centaines de milliers d'années. C'est pourquoi elles ne se trouvent pas là où elles semblent être lorsque nous les regardons; elles sont ailleurs. Mon ami a ajouté que si nous pouvions voir une galaxie, un univers entier, nous verrions notre Terre perdue dans la queue de la Voie lactée; elle n'est même pas au centre. Chacune des étoiles est un soleil et certains soleils sont si immenses qu'ils pourraient contenir notre soleil et notre Terre ainsi que la distance qui les sépare. L'estimation traditionnelle fait état de cent millions de galaxies! L'univers tel que nous le connaissons est en expansion, et cela au rythme de trois millions de kilomètres à la seconde. J'étais si fasciné par toutes ces révélations que lorsque nous sommes sortis du restaurant, j'ai regardé le ciel avec une autre sensation, une autre perspective de la vie. C'est cela la conscience. On peut soit recueillir froidement des faits (cela s'appelle l'information), ou acquérir soudainement une autre perspective de la vie — que sommes-nous, qu'est-ce que l'univers, qu'est-ce que la vie? C'est cette sensation que j'appelle la conscience.

La terre de l'amour

Si nous nous débarrassions une fois pour toutes des illusions, source de nos problèmes et de nos privations, nous pourrions revenir à la vie. L'une des conséquences d'une attitude passive serait aussi terrifiante qu'inévitable: la perte de notre capacité d'aimer. Si vous souhaitez aimer, je vous dirais de réapprendre à voir. Mais pour voir, il vous faudra abandonner vos drogues. C'est aussi simple que cela. Débarrassez-vous de votre dépendance. Déchirez les tentacules de la société qui vous enveloppent et vous étouffent. Vous devez les secouer. Extérieurement, tout va se dérouler comme par le passé: vous allez continuer à être *dans* le monde, mais vous ne serez plus *du* monde. Dans votre cœur, vous serez enfin libre, même si vous êtes totalement seul, et votre dépendance aux drogues disparaîtra.

Il n'est pas nécessaire que vous vous retiriez dans un désert; vous pouvez rester parmi les autres; vous allez même apprécier immensément leur compagnie, car ils n'auront plus le pouvoir de vous rendre heureux ou misérable. C'est cela que l'on entend par solitude. C'est dans cette solitude que votre dépendance mourra et que naîtra votre capacité d'aimer. Vous ne considérerez plus les autres comme des moyens de satisfaire vos besoins. Il n'y a que ceux qui ont essayé de se débarrasser de leurs illusions qui peuvent comprendre les terreurs provoquées par ce processus. C'est comme s'inviter soi-même à mourir. C'est comme demander au pauvre drogué de renoncer à la seule joie qu'il connaisse. Comment la remplacer avec le goût du pain, des fruits, avec le parfum de l'air matinal, avec la douceur de l'eau de source coulant des montagnes? Lorsqu'on lutte contre les symptômes du manque, — quand le vide s'installe après que la drogue a cessé de faire son effet —, il n'y a que la drogue qui puisse soulager, il n'y a que la drogue qui puisse remplir le vide.

Pouvez-vous imaginer une vie dans laquelle vous refuseriez de jouir d'un simple mot d'appréciation, une vie dans laquelle vous ne poseriez jamais la tête sur une épaule pour y trouver la consolation? Imaginez une vie dans laquelle vous ne dépendriez de personne sur le plan émotionnel, une vie dans laquelle personne n'aurait le pouvoir de vous rendre heureux ou malheureux. Une vie dans laquelle vous refuseriez d'avoir *besoin* de quiconque, d'être cher à quiconque, ou de prétendre que quelqu'un vous appartient. Les oiseaux ont un nid, les renards un terrier, mais vous n'auriez, vous, plus aucun endroit où poser la tête au cours de votre voyage à travers la vie. Si vous arrivez jamais à cet état, vous saurez enfin ce que signifie avoir une vision claire et non obscurcie par la peur ou le désir. *Une vision claire, non obscurcie par la peur ou le désir*. Vous saurez ce qu'aimer veut dire. Mais pour arriver à cette terre de l'amour, vous devrez passer par les affres de la mort, car aimer les êtres signifie mourir au besoin que l'on a de ces êtres et se retrouver totalement seul.

Comment y arriver? À l'aide d'une conscience toujours présente, d'une patience infinie et de la compassion que vous ressentiriez pour un drogué, et en développant cette aspiration pour les bonnes choses de la vie qui va vous aider à neutraliser votre besoin de drogues. Quelles sont ces bonnes choses? L'amour du travail lorsque vous aimez accomplir celui-ci pour le simple plaisir de travailler; l'amour de l'intimité et du rire partagés avec des êtres auxquels vous n'êtes pas accroché et dont vous ne dépendez pas sur le plan émotionnel, des êtres dont vous aimez tout simplement la compagnie. Il est également souhaitable d'avoir des activités qui vous occupent *corps et âme*, des activités que vous aimez, tout en dédaignant le succès, la renommée ou l'approbation générale qu'elles apportent. Retourner à la nature peut être d'une aide très précieuse. Éloignez-vous de la foule, allez dans la montagne. Communiez en silence avec les arbres, les fleurs, les mammifères, les oiseaux; avec la mer, le ciel, les étoiles, les nuages.

Je vous ai expliqué que regarder les choses qui nous entourent, être conscient de l'existence de ces choses constitue en soi un excellent exercice spirituel. Il y a beaucoup de chance que les mots et les concepts disparaissent alors; vous verrez enfin la réalité, vous prendrez vraiment contact avec la réalité. C'est là qu'est la guérison de l'isolement. En général, nous cherchons la guérison de notre isolement dans notre dépendance émotive vis-à-vis des autres, dans notre esprit grégaire, dans le bruit de la foule. Quelle guérison est-ce là? Revenez aux choses, revenez à la nature, allez dans les montagnes. Vous saurez alors que votre cœur vous a emporté dans le vaste désert de la solitude, et qu'il n'y a personne à vos côtés, absolument personne.

Au début, cela vous paraîtra insupportable. Mais c'est uniquement parce que vous n'êtes pas habitué à la solitude. Si vous pouvez rester dans cette solitude pendant quelque temps, le désert fleurira soudain, et vous n'y verrez plus que l'amour. Votre cœur sera rempli de musique. Et le printemps sera là pour toujours; la drogue se volatilisera; vous serez libre. Puis vous comprendrez ce qu'est la liberté, et l'amour, et le bonheur, et la réalité, et la vérité, et Dieu. Vous verrez enfin, vous saurez ce qu'est la vie, au-delà des concepts et du conditionnement, des besoins et des attachements.

J'aimerais terminer avec une belle histoire. Celle d'un homme qui avait inventé l'art de faire du feu. Un jour, cet homme rassembla son matériel et s'en alla dans une tribu du Nord, où il faisait froid, terriblement froid. Il y apprit aux habitants à faire du feu. Ceux-ci se montrèrent très intéressés. L'homme leur expliqua tous les usages possibles du feu: cuire de la nourriture, se tenir au chaud, etc. Les gens étaient extrêmement reconnaissants mais, avant qu'ils puissent exprimer leur gratitude à leur bienfaiteur, celui-ci avait disparu. La reconnaissance, la gratitude n'intéressaient pas cet homme, seul comptait pour lui le bien-être de ceux à qui il apportait son savoir. Alors il alla dans une autre tribu, où il exposa de nouveau les avantages de son invention. Les gens se montrèrent également intéressés, trop cependant pour la paix intérieure de leurs prêtres, qui ne voyaient pas d'un très bon œil leurs ouailles affluer auprès de l'inconnu. Ils craignaient de perdre leur popularité. Alors ils décidèrent de se débarrasser de l'intrus en l'empoisonnant. Ou en le crucifiant, la méthode importe peu... Mais comme ils craignaient que le peuple ne se retourne contre eux, ils durent se montrer très avisés, astucieux, même. Comment? Ils firent un portrait de l'homme et le placèrent sur l'autel central du temple, puis ils disposèrent autour les instruments servant à faire le feu. Ensuite, ils dirent aux gens de révérer ce portrait et les instruments. Ce qui fut fait, avec le plus grand respect, pendant des siècles. La vénération et le culte étaient là, mais il n'y avait plus de feu.

Où est le feu? Où est l'amour? Où se trouve la drogue incrustée dans votre organisme? Où est la liberté? La réponse est dans la spiritualité. Ce qui est tragique, c'est que nous avons tendance à l'oublier. La réponse est en Jésus Christ. Mais nous avons tendance à mettre l'accent sur les exclamations: «Seigneur! Seigneur!» crions-nous. Mais où est le feu? Et si le culte ne conduit pas au feu, si l'adoration ne conduit pas à l'amour, si la liturgie ne conduit pas à une perception plus claire de la réalité, si Dieu ne conduit pas à la vie, à quoi sert la religion sinon à créer plus de divisions, plus de fanatisme, plus d'antagonisme.

Ce n'est pas du manque de religion — dans l'acception ordinaire du terme — que souffre le monde, c'est du manque d'amour et de conscience. Et l'amour ne naît qu'à travers la conscience. Il n'existe pas d'autre moyen. Si vous prenez conscience des barricades que vous élevez sur le chemin de l'amour, de la liberté et du bonheur, celles-ci s'effondreront. Ouvrez la lumière de la conscience et l'obscurité se dissipera. On n'acquiert pas le bonheur; on ne fabrique pas l'amour. On ne possède pas l'amour; c'est l'amour qui *vous* possède. On ne possède ni le vent, ni les étoiles, ni la pluie. On ne possède ni ces éléments, ni ces astres, on s'abandonne à eux. On ne peut s'abandonner que si l'on prend conscience de ses illusions, de ses dépendances, de ses désirs et de ses peurs. Ainsi que je vous l'ai dit plus tôt, on peut résumer les étapes de la prise de conscience comme suit: dans un premier temps, la psychologie peut constituer une aide précieuse. Je ne parle pas de l'analyse: l'analyse paralyse. La clairvoyance n'est pas nécessairement l'analyse. Un de nos grands thérapeutes américains a dit: «C'est la pratique du "Aha" qui compte.» L'analyse seule n'aide pas; elle ne fait qu'informer. Mais si vous pouvez avoir recours à la pratique du Aha, vous atteindrez la clairvoyance. C'est de là que viendra le changement.

Dans un deuxième temps, il est essentiel de comprendre votre dépendance. Mais vous avez besoin de temps. Hélas, vous perdez tant de temps à vous livrer à vos cultes, à vos incantations et à vos psalmodies; un temps qui pourrait être si fructueusement consacré à la recherche de la compréhension de vous-même. Une communauté n'a rien à voir avec les cérémonies religieuses. Au fond de votre cœur, vous savez comme moi que de telles cérémonies ne servent qu'à dissimuler nos différences. Une communauté ne peut être créée que si l'on prend conscience des obstacles que l'on a placés devant elle et des conflits qui naissent de nos peurs et nos besoins. C'est alors qu'une communauté peut exister.

Nous devons nous montrer extrêmement prudents en matière de culte, de manière à ne pas en faire une distraction qui va nous éloigner de cette tâche beaucoup plus importante qui consiste à vivre. Mais vivre ne signifie pas faire partie du gouvernement, ou être un opulent homme d'affaires ou un grand philanthrope. Ce n'est pas cela. Vivre signifie qu'on a renversé tous les obstacles et que l'on vit le moment présent avec spontanéité. «Regardez les oiseaux du ciel: ils ne sèment ni ne moissonnent...» C'est cela vivre. Je vous ai dit, au début de ces entretiens, que les êtres humains étaient endormis, morts. Ce sont des morts qui dirigent les pays, des morts qui font de grosses affaires, des morts qui éduquent les enfants. Revenez à la vie! C'est là que le culte pourra vous aider, pour le reste il est inutile. De plus en plus — vous savez cela aussi bien que moi — nous perdons nos jeunes, partout dans le monde. Ils nous haïssent; ils refusent cette peur et cette culpabilité que nous faisons peser sur eux. Ils refusent les sermons, les exhortations. Par contre, en apprendre plus long sur l'amour les intéresse. Comment puis-je être heureux? Comment puis-je vivre ma vie? Comme puis-je goûter à ces choses miraculeuses dont parlent les mystiques? Il faut donc, dans ce deuxième temps, s'efforcer de comprendre.

Dans un troisième temps, il faut refuser de s'identifier. Un homme, rencontré alors que je venais à cette session, m'a demandé: «Vous arrive-t-il parfois de vous sentir déprimé?» Seigneur, oui! Je me sens déprimé de temps à autre. J'ai mes moments. Mais ils ne durent pas, ils ne durent vraiment pas. Ce que je fais?

Première étape: Je ne m'identifie pas. Il s'agit d'un sentiment d'abattement. Au lieu de m'énerver, de me sentir irrité contre moi-même, je comprends que je suis déprimé, ou désappointé.

Deuxième étape: J'admets que ce sentiment est en moi, pas dans une autre personne, — par exemple dans la personne dont j'attends une lettre —, pas dans le monde extérieur; il est en moi. Car tant que je croirai qu'il est à l'extérieur, je me sentirai justifié de m'y accrocher. Je ne prétends pas que tout le monde ressent les choses ainsi; en fait, seuls les idiots, seuls les gens endormis les ressentent de cette manière.

Troisième étape: Je ne m'identifie pas avec le sentiment. «Je» n'est pas ce sentiment. «Je» n'est pas seul, «je» n'est pas déprimé, «je» n'est pas désappointé. Le désappointement est *là*, on le regarde. Vous serez surpris de voir avec quelle rapidité ce sentiment se dissipe. Toutes les choses dont vous êtes conscient ne cessent de changer, comme les nuages. Tandis que vous vous livrerez à cet exercice, vous aurez une série d'aperçus sur les raisons qui ont permis à ces nuages d'apparaître.

Une autre citation. Les phrases qui vont suivre mériteraient d'être écrites en lettres d'or. Je les ai relevées dans un ouvrage dont je vous ai déjà parlé. Il s'agit de *Summerhill*, de A.S. Neill. En voici d'abord le contexte. Vous savez sans doute que le domaine de Neill était l'éducation. En fait, il en a fait partie pendant quarante ans. Neill a fondé une école non conformiste, dans laquelle filles et garçons étaient tout à fait libres. Un enfant voulait apprendre à lire et à écrire, très bien; il ne voulait pas, très bien. Aussi longtemps qu'un enfant ne portait pas atteinte à la liberté des autres, il pouvait faire ce qu'il voulait. Ne portez atteinte à la liberté de personne et vous serez libre. Neill disait que les enfants les plus difficiles venaient des couvents. Cela se passait il y a de nombreuses années, bien entendu. Il racontait qu'il fallait environ six mois à ces enfants pour venir à bout de toute la colère et de tout le ressentiment qui les habitaient. Ils commençaient par se rebeller, par lutter contre le système; cela pouvait durer six mois.

Un des cas les plus difficiles était une fille qui avait pris l'habitude de se promener en ville avec une bicyclette. Elle n'allait jamais en classe, elle évitait tout ce qui avait trait à l'école.

Aussitôt que les enfants étaient venus à bout de la rébellion qui était en eux, ils voulaient étudier. Il leur arrivait même de dire: «Pourquoi n'avons-nous pas classe aujourd'hui?» Mais ils n'étudiaient que ce qui les intéressaient. Et ils se transformaient. Au début, les parents avaient peur d'envoyer leurs enfants dans cette école. Ils disaient: «Comment peut-on éduquer un enfant sans discipline? Il faut leur apprendre, les guider.» Le secret du succès de Neill? Il prenait en main les cas les plus désespérés, des enfants dont plus personne ne voulait s'occuper et, en six mois, il les transformait. Écoutez maintenant ce qu'il disait; ce sont des paroles extraordinaires, de saintes paroles:

«Chaque enfant a un dieu en lui. Mais en essayant de modeler l'enfant, nous transformons ce dieu en démon. Les enfants qui arrivent dans mon école sont des petits démons; ils haïssent tout le monde; ils sont destructeurs, impolis, menteurs, voleurs; ils ont mauvais caractère. Six mois plus tard, ce sont des êtres heureux, des enfants en bonne santé qui n'ont plus envie de se conduire mal.» Ce sont là des paroles étonnantes venant d'un homme dont l'école, située en Angleterre, était régulièrement visitée par des inspecteurs du ministère de l'Éducation et par les directeurs ou directrices d'école qui le souhaitaient. Étonnantes. C'était dû à son rayonnement. On n'apprend pas de telles choses dans les livres; on ne peut s'y consacrer que si l'on est un être extraordinaire.

Lors de causeries devant des directeurs et directrices d'école, Neill disait: «Venez à Summerhill. Vous verrez que tous les arbres sont remplis de fruits. Et pourtant, personne ne les cueille; il n'y a chez les enfants aucun désir de se dresser contre l'autorité. Ils sont bien nourris et ne ressentent ni colère ni ressentiment. Venez à Summerhill et vous n'y trouverez jamais un enfant handicapé avec un surnom (vous savez pourtant combien les enfants peuvent se montrer cruels, quand un enfant bégaie, par exemple). Vous n'y trouverez jamais un élève harcelant un enfant qui bégaie, jamais. Il n'y a aucune violence chez ces enfants, pour la bonne raison que personne ne se montre jamais violent avec eux.»

Ce sont là des mots de révélation, des mots sacrés. Il y a des gens comme A.S. Neill dans le monde. Même si les prêtres et les savants vous disent le contraire, il y a des êtres qui ne connaissent, dans leur vie, ni querelles, ni jalousies, ni conflits, ni guerres, ni ennemis. Il y en a dans mon pays. Disons plutôt qu'il y en avait encore il n'y a pas si longtemps. Des amis jésuites ont vécu et travaillé parmi des gens qui, ils me l'ont certifié, étaient incapables de voler ou de mentir. Une religieuse m'a affirmé que, dans des petits groupes du nord-est de l'Inde où elle était allée travailler, les habitants n'enfermaient jamais rien. Rien n'était jamais volé. Ces gens ne volaient ni ne mentaient — jusqu'à ce que le gouvernement indien et les missionnaires arrivent.

Chaque enfant a un dieu en lui. Mais en essayant de modeler l'enfant, nous transformons ce dieu en démon.

Huit et demi est le titre d'un très beau film de Federico Fellini. Dans l'une des scènes, on peut voir un Frère chrétien en excursion avec un groupe d'enfants de huit à dix ans. Ils se promènent sur une plage; le frère, entouré de trois ou quatre garçons, marche assez loin derrière. Et voici que les premiers enfants croisent une femme assez âgée, qui se trouve être une prostituée. «Salut! lui disent-ils.

— Salut!» répond-elle. Puis l'un d'eux demande: «Qui es-tu?

— Je suis une prostituée.» Ils ne savent pas ce que cela veut dire, mais ils font semblant. L'un des garçons, qui paraît un peu plus averti que les autres, déclare: «Une prostituée est une femme qui fait certaines choses quand on la paie.» Les autres lui demandent: «Est-ce qu'elle nous ferait ces choses si on la payait?

— Pourquoi pas?» dit le gamin. Alors ils font une collecte, portent l'argent à la femme et lui demandent: «Feras-tu certaines choses maintenant que nous t'avons donné de l'argent?

— Bien sûr, les enfants, dit-elle, que voulez-vous que je fasse?» La première chose qui vient à l'esprit des gamins est de lui demander d'ôter ses vêtements. Elle s'exécute. Ils la regardent; ils n'ont jamais vu de femme nue. Mais comme ils ne savent pas quoi faire d'autre, ils demandent: «Voudrais-tu danser?

— Certainement», dit-elle. Alors les enfants font un cercle autour d'elle et commencent à chanter et à frapper dans leurs mains tandis qu'elle ondule de la croupe. Ils adorent ça. Mais le Frère s'est aperçu de ce qui se passe. Il se précipite vers les enfants et commence à crier sur la femme. Il l'oblige à remettre ses vêtements. Alors on entend le narrateur dire: «C'est à ce moment-là que les enfants ont été souillés. Jusque-là ils étaient innocents; ils étaient beaux.»

Ce problème n'est pas inhabituel. Je connais, en Inde, un missionnaire jésuite assez conservateur. Il a assisté à l'un de mes ateliers. Lorsque j'ai développé ce thème pendant une période de deux jours, il a trouvé cela pénible. À l'issue de la seconde journée, il est venu me voir et m'a dit: «Tony, je ne peux pas te dire combien j'ai souffert en t'écoutant.

— Pourquoi, Stan?

— Parce que tu as ravivé une question que j'ai refoulée pendant vingt-cinq ans, une question horrible. Je n'ai pas arrêté de me demander: "N'ai-je pas abîmé les gens dont j'avais la charge en faisant d'eux des chrétiens?"» Ce jésuite n'était pas un de ces libéraux: c'était un prêtre très orthodoxe, dévot, conservateur, d'une grande piété. Et il avait l'impression d'avoir abîmé des gens heureux, aimants, simples, innocents en faisant d'eux des chrétiens.

Des missionnaires américains, partis évangéliser dans les îles du Pacifique accompagnés de leurs épouses, furent horrifiés de voir les femmes indigènes entrer les seins nus dans l'église. Les épouses exigèrent qu'elles s'habillent décemment. Alors les missionnaires leur distribuèrent des chemises. Le dimanche suivant, elles vinrent à l'église avec leurs chemises, mais elles y avaient découpé deux larges trous afin de se sentir plus à l'aise et au frais. Ces femmes avaient raison; les missionnaires avaient tort.

Revenons à Neill, qui disait: «Je ne suis pas un génie, je suis tout simplement un homme qui refuse de guider les enfants pas à pas.» Mais alors qu'en est-il du péché originel? N'oubliez pas ce que disait Neill: «Chaque enfant a un dieu en lui. En essayant de modeler l'enfant, nous transformons ce dieu en démon.»

Cet homme laissait les enfants former leurs propres valeurs, et ces valeurs étaient invariablement bonnes et altruistes. Comprenez-vous cela? Quand un enfant se sent aimé, (ce qui veut dire: quand un enfant sent que vous êtes de son côté), il est pacifié. Il n'a plus besoin d'être violent. La peur ayant disparu, la violence est devenue inutile. Il commence à traiter les autres comme on le traite, lui. Il faut que vous lisiez *Summerhill*. C'est un livre saint, il n'y a aucun doute là-dessus. Lisez-le, il a révolutionné ma vie et ma manière de voir les gens. J'ai commencé à voir des miracles. J'ai aussi vu le mécontentement de moi-même que l'on avait semé en moi, avec le goût de la compétition, de la comparaison, du besoin d'en faire toujours plus, etc. Vous pourriez me dire que si on ne m'avait pas poussé ainsi, je n'en serais pas où j'en suis. Avais-je besoin d'être poussé de la sorte? Et qui voudrait être ce que je suis? Je veux être heureux, je veux être saint, je veux être aimant, je veux être en paix, je veux être libre, je veux être humain.

Voulez-vous que je vous dise ce qui provoque les guerres? Les guerres viennent de ce que nous projetons à l'extérieur de nous nos conflits intérieurs. Montrez-moi un individu en qui il n'y a pas de conflit intérieur et je vous dirai qu'il n'y a, dans ce même individu, aucune violence. Il peut y avoir un grand besoin d'action en lui, un besoin exigeant, mais il n'y a pas de haine. Lorsqu'il agit, il le fait comme un chirurgien; ou comme un éducateur aimant le fait avec un petit retardé mental. On ne blâme pas ces enfants, on les comprend et on se lance dans l'action. Mais lorsqu'on se lance dans l'action avec une haine et une violence diffuse, on aggrave l'erreur. On essaie d'éteindre un incendie avec du feu. On essaie d'endiguer une inondation avec de l'eau.

Répétons-le encore: «Chaque enfant a un dieu en lui. En essayant de modeler l'enfant, nous transformons ce dieu en démon. Les enfants qui arrivent dans mon école sont des petits démons; ils haïssent tout le monde; ils sont destructeurs, impolis, menteurs, voleurs; ils ont mauvais caractère. Six mois plus tard, ce sont des êtres heureux, des enfants en bonne santé qui n'ont plus envie de se conduire mal. Je ne suis pas un génie, je suis tout simplement un homme qui refuse de guider les enfants pas à pas. Je les laisse former leurs propres valeurs, et ces valeurs sont invariablement bonnes et altruistes. La religion qui croit rendre les gens meilleurs les rend plus mauvais, mais la religion qui se veut libre rend les gens bons, car elle détruit le conflit intérieur (c'est moi qui ajoute «intérieur») qui les rend mauvais.»

Et Neill ajoute: «La première chose que je fais quand un enfant arrive à Summerhill consiste à détruire sa conscience.» Je présume que vous savez comme moi ce qu'il veut dire par là. On n'a pas besoin de conscience quand on est conscient; on n'a pas besoin de conscience quand on a la sensibilité. On n'est pas violent; on n'a pas peur. Peut-être pensez-vous qu'il s'agit là d'un idéal impossible à atteindre. Eh bien, si vous croyez cela, lisez le livre de Neill. J'ai rencontré des individus, ici et là, qui ont soudain rencontré cette vérité: la source du mal est en nous. Lorsqu'on commence à réaliser cela, on cesse d'être exigeant avec soi-même, on cesse de se pousser et on comprend. Nourrissez-vous d'une nourriture substantielle, d'une bonne nourriture substantielle. Je ne parle pas de nourriture réelle, je parle de couchers de soleil, de nature, d'un bon film, d'un bon livre, d'un travail agréable, d'une plaisante compagnie... Avec un peu de chance, vous vous débarrasserez du besoin que vous avez des sentiments inutiles.

Quels sont les sentiments qui vous envahissent lorsque vous êtes en contact avec la nature, ou lorsque vous êtes absorbé par un travail que vous aimez? Ou lorsque vous conversez vraiment avec une personne dont vous appréciez la compagnie, dans une intimité amicale, avec un esprit ouvert et sans dépendance? Quelle sorte de sentiments ressentez-vous? Comparez-les avec ceux qui vous habitent lorsque vous sortez d'une dispute en ayant le dernier mot, ou lorsque vous gagnez une course, ou lorsque vous devenez populaire, ou lorsqu'on vous applaudit. J'appelle cela des sentiments superficiels; quant aux premiers, je les appelle des sentiments profonds. Un grand nombre de gens gagnent le monde et perdent leur âme. Un grand nombre de gens sont vides, sans âme, car ils se nourrissent de popularité, de louanges, de félicitations, de «Je suis O.K., tu es O.K.»; de «regarde-moi», de «assiste-moi», de «soutiens-moi», de «mets-moi en valeur», de «je suis le chef», de «je suis au pouvoir», de «j'ai gagné la course». C'est de cela que vous vous nourrissez? Si c'est oui, vous êtes mort. Vous avez perdu votre âme. Nourrissez-vous d'une substance plus nutritive. Alors vous vous transformerez. Ne vous ai-je pas donné ici un programme complet de vie?

Table des matières

ACHEVÉ D'IMPRIMER
CHEZ
MARC VEILLEUX,
IMPRIMEUR À BOUCHERVILLE,
EN SEPTEMBRE MIL NEUF CENT QUATRE-VINGT-SEIZE